食は、しあわせの種

少しだけ、ちゃんと料理しようと思いはじめたあなたへ

ゆいの家 主宰
高石知枝

花伝社

食は、しあわせの種──少しだけ、ちゃんと料理しようと思いはじめたあなたへ◆目次

第2章　楽しく料理をしませんか　53

はじめに

手作りがいいことなんて知っている
そんなこと言われなくてもわかっている
だから、毎日ちゃんと作っているのに
当たり前だと思われている
一生懸命作っても
おいしくないって言われることもある
時間ばかりかかってうまくできない
なんでこんな忙しい思いをして作らなきゃいけないの
これなら買った方がいいやと思ってしまう
料理なんてめんどうなだけで
むくわれない仕事なんだから

こんな思いで料理を作っている人はいませんか。

何気なくテレビで見た、俳優の加山雄三さんの弁当は、おかかおにぎり4個でした。おかずはありません。番組ではこんなことを言っていました。

子どものころ、おやじに叱られて家を飛び出したことがあるんです。

じっと外の物置に隠れていたら、おふくろの声がして、

「その辺に隠れているのは知っているんだよ。お父さんとお前とどっちが悪いか知らないけど、ちゃんとお父さんと話さなくっちゃ。その勇気が大事なんだよ」

といって、そっと置いておいてくれたのが、このおかかおにぎりなんです。

そのことをときどき思い出しておかかおにぎりを食べるんですよ。

最初は、なんでおかかおにぎりと思ったのですが、そこにとても大切なものがあると思いました。わたしは以前、いろんな会社の社長さんたちに「食の思い出」ということで取材をしていたことがありました。職種も年代も様々でしたが、みなさんとても懐かしそうに話してくださいました。その中のいくつかを紹介します。

昭和17年（1942年）生まれのお茶屋さんの方

わたしは、大きな農家の家に生まれました。

子どもの頃は貧しい時代でしたが、食べ物に困ったことがなく、学校から帰ってくると、いつもおやつにサツマイモやジャガイモがふかしてありました。

夜は決まって母か祖母の手打ちうどんで、うどん踏みをよく手伝いました。そのうどんをつけ汁で食べたり、野菜一杯の汁に入れてお切り込みにしました。母たちが忙しい時は、すいとんにしていましたが、わが家では「おしんこ」といっていました。

いつも野菜は家の前から採れたての新鮮なもので、ヤギや牛も飼っていて、そのお乳を飲んでいました。味噌もしょうゆも自家製で、この頃は近所が集まっての共同作業でした。暮れは、家族そろっての餅つき。春、もち草がではじめるとみんなでそれを採りに行って草餅にしました。

肉は、めったに食べられず、たまに家の鶏をしめて食べるぐらいで、さばいたりするのもよく手伝いました。

食事はみんな揃って食べるものと教えられ、全員が揃ってから「いただきます」をしました。また残すとすごく叱られたのを覚えています。

今から考えると、季節ごとの手作りの仕事や食の楽しみがあり、とても豊かな食生活をしていたと思います。


昭和18年（1943年）生まれの建設業の方

わたしが生まれた頃は、一番食糧事情が悪く、食べられるものは何でも食べました。小学校はお弁当で、白いご飯の中に赤いものと言えば梅干しか紅しょうがでした。

同級生にお大尽の子どもがいて、当時誰も食べたことのない赤いウインナーが弁当によく入っていました。おとなしい子でガキ大将にいじめられては、そのウインナーを取られていましたが、そのうちにその子のお弁当を毎日順番にクラスの子と交換するようになりました。お大尽の子も家では食べられないものが食べられて、お互い交換が楽しみになりました。

自分の番になった時、赤いウインナーは、あの赤い部分の皮をむいて食べるものだと思い、一生懸命むいていたらお大尽の子が「むかずに食べられるよ」と教えてくれたのです。「そんなことあるもんか」とその子にげんこつを食らわせてしまいましたが、確かに食べることができて悪いことしたなと思いました。そんな弁当の交換ごっこが卒業まで続き、担任の先生も加わって同窓会になると、その話で今でも盛りあがります。

母親の弁当で一番の思い出が、小学校3年生の時、白いご飯の上に梅干しと紅しょうがで自分の名前の「正」という字を二つ書いてくれたことです。うれしくて全部食べるのがもったいなくて半分残して家に持ち帰ったら、祖母から食べ物を粗末にしたということで、逆に怒られてしまいました。母はその翌年に亡くなってしまったので、今でも懐かしくそのことが思い出されます。

昭和31年（1956年）生まれの建築士の方

わたしが、親に作ってもらった弁当を持っていったのは、高校時代の3年間だけで、親も農家で忙しく、決して裕福とは言えない家庭でした。友だちの弁当を見ると毎日おかずが変わって、肉が入っていたりしていました。それに比べると自分はいつも変わり映えがしなくて、友だちに弁当を見せるのが恥ずかしくて嫌だったんです。

当時、野球部に入っていましたから、とにかく腹が減って、1時間目の終わりにはその弁当を食べていました。中身は、ほとんどがご飯で、おかずは前の日の残りの煮物やカレーで、たまにウインナーが入ってのりが1枚ご飯の上にのっている程度でした。でも、必ず入っていた定番は、砂糖としょうゆで味付けした卵焼きでした。その卵焼きの味は、いつも同じなんです。

そんな弁当でしたが、不思議と飽きることはなかったですねえ。確かにおふくろの味なんですよ。今、売っている弁当を買ったりすることもあるのですが、おいしいと思えないんです。

社長さんたちが当時食べていたものは、今のものとは比べものにならない粗末なものばかりです。でもそこに人と人との心のぬくもりを感じます。今食べているものに、どれだけそれを感じることができているのでしょうか。人を本当にしあわせにする食は、すごいごちそうでしょうか。グルメ番組で食べられているようなものでしょうか。

わたしは、「しあわせの種は、食にあり」と思っています。それは毎日の何気ない食事の中にあると思います。「おいしいね」と言いながら食べる「食」は、人の心をしあわせにします。そんな時、人を憎んだり恨んだりはしません。まして争いもないはずです。本当の世界平和は「食」から始まるのではと思っています。ちょっと大きなことを言い過ぎかもしれませんが、案外そうかもしれません。

日々の暮らしの中で自分で料理を作ることをもっともっと大事にした方がいいと思うのです。それは、すごいごちそうを作りなさいということではなく、土井善晴さんのおっしゃるように「一汁一菜」でもいいのです。

どんな料理が作れるかということより、まずは、「料理が楽しい」と思って作ること。楽しいと思って作ることは、食べてくれる人のいのちを無意識に大切に思っていることです。いやいや作る料理には想いが入りません。

わたしはそんな、料理が楽しいと思って作る人を増やしていきたいと思います。そう思ってもらえるよう、料理の作り方、食に対する考え方をこの本に書きました。

この本を読んで一人でも「料理が楽しい」と思う人が増えることを願っています。

刊行によせて

株式会社新規開拓　代表取締役社長　朝倉千恵子

食を大事にする人は、自分も相手も大事にできる——そこには相手を思いやる心が込められています。高石さんは相手のことを想い、大切にする女性です。

高石さんとのご縁はかれこれ9年。以前、学校の先生をなさっていた高石さんが、大切なパートナーを病気で亡くし、それをきっかけに「食」の勉強を本格的に始めていた頃の出逢いでした。

高石さんが本に込めたこの言葉には、大きな意味があります。

「食は、しあわせの種」

「食」という漢字は「人に良い」と書きます。まさに漢字そのものに意味があります。

毎日のなにげない食事の中に幸せがある。どこで食べるか、何を食べるかももちろんですが、誰と一緒に食べるかで、味も気持ちも変わります。愛する家族との食事・大切なパートナーとの食事。一緒に食事をしている時間・空間。それこそがかけがえのないものです。

「心の安定は食にあり」

これは大人も子供も一緒です。食事の乱れが精神の乱れに繋がるということを、私は自身の経験で覚えました。

「食べるもので人は作られている」

いかに、身体にいいモノを食べてもらえるか。高石さんは実体験をもとに、ひとりでも多くの方にこのことを伝えるための活動を、根気よくコツコツ地道に続けています。

高石さんは、非常に行動力があります。

食の重要性を伝えるために飛び込み営業で企業にアプローチされたこともあり、まさに「健康経営」のアドバイスです。パッと海外に行って料理をし、海外の人たちにも食の大切さを伝えたりしながら、国際的な交流を食を通して広められています。

ご自宅を改装してコミュニティーの場として提供してくださっている「ゆいの家」では料理実習も行い、弊社社員も「重ね煮」を中心とした食習慣改善を行い、実践を続けて体質改善に成功しました。

「食」はまさに「愛」ですね。大事な人のために、相手を思い、相手の喜んでくれる顔を浮かべながら料理を作る。それはもっとも幸せな時間なのかもしれません。

ぜひ食の持つ力を、この本を通して、そして書いてあることを実践し、実感して欲しいと思います。そして高石さんの「食」に対する想いと、「愛」を感じて欲しいと思います。

第1章　食はすべてをつなぐ

1　ゆいの家にようこそ

五感で感じてもらいたい
ゆいの家の自然《じねん》料理教室

「こんにちは」「どうぞ」

そんなあいさつで始まるゆいの家の料理教室。まわりが田んぼだらけの住居として建てたごくごく普通の一軒家がゆいの家です。でも一歩入ると「わあー」と言ってもらえます。

外観のイメージとちがっているからでしょうか。広めの玄関には庭に咲いている花をいつも活けています。全体が木造りで、料理教室をするところには大きなログテーブルが置いてあり、少し吹き抜けになっています。天井には太い梁も見えて「山小屋みたい」と言ってくださる方

いつもこの大きなログテーブルで楽しく食を囲んでいます

もいます。

ゆいの家で伝える料理を自然《じねん》料理とわたしは勝手に名付けています。

それは、いのちのつながりに感謝して、旬の野菜を中心にあまり余分なことをせず、その持ち味を生かした料理です。砂糖や動物性のものはまず使いません。

料理教室では、ほとんどわたしの作るところを見てもらっています。自分で実際に料理をするつもりで来た人たちは、「あれっ」という顔をされます。

わたしが大切にしているのは、野菜を切ってもらったりすることではなく、作るところを見てもらって「これならわたしにもできそう」「料理って楽しいかも……」と思ってもらうことです。だから料理教室では、切ったりする技術的なことよりも、自分の五感で感じてもらうことを大事にしています。

味の変化を楽しみませんか

大切にしていることの一つは、途中で何度も何度も味見をしてもらうことです。

まず炒めるときにほんの少し塩を入れただけで味見、しょうゆを少し入れてまた味見、そこにゴマ油を入れてまた味見といったように、何度もくりかえし味見をしてもらって、味の変化を自分の舌で確かめてもらっています。

最初は、何となく言われて小皿を出していた人が、次はどんな味になるのかなと、ワクワクした表情でお皿を出してくれるようになります。味は、人それぞれの好みがあります。家庭の味があります。「ご自分のおいしい味を見つけてください」といつも言います。

同じ種類の野菜でも作り手によってその味はちがいます。調味料でも味は様々ですから、結局レシピ通りに作っても、おいしくない思いをするのは仕方ありません。

だからわたしは、途中の味見をとても大事にしています。味の好みは一人ひとり違います。与えられた分量通りに入れるのではなく、何度も味見をしながら自分の「おいしい」と思う味を見つけることが、「料理って楽しい」ということにつながると思うのです。

適当だから楽しい 簡単だからやる気になる

わたしの〝レシピ〟には分量は書いてなく、入れる材料が書いてあるだけです。

「分量はどのくらいですか」「時間はどのくらいですか」と聞かれてもいつも適当と答え、料理しながら、わたしは何度も「適当、適当」ということばを連発してしまいます。

最初は「適当って言われても……」と、とまどった顔をされますが、実際にわたしが作る様子を見て、最後は「適当でいいんですね。もっときちんと作らなくちゃいけないと思っていました」「気が楽になりました」などとよく言われます。また、「これなら簡単で、すぐに家でもやれそうです。早速やってみます」という方もたくさんいます。

何十年も料理教室をしているベテランの先生から、「おいしかったといっても、家ではほとんど作らない人が多いのよ」と聞いたことがあります。わたしは、そこで食べて終わるのではなく、家でも作ってもらえるものを伝えたいと思って料理教室をやっています。

2 教員時代

ちょっとわたしの自己紹介
教師経験がスタート地点

もともとわたしは、生まれも育ちも愛知県の一宮市。地元の教育大学に家から通い、最初の赴任先の小学校もこれまた家から通いました。

それがたまたまの縁で結婚を機に群馬県の高崎に来て、約1年小学校で講師をした後、中学校に正式に勤務しました。

結局18年間教員を務めました。よく「家庭科の先生でしたか」と聞かれますが、全く関係のない理科教師でした。料理教室とはまったく無縁の生活です。でも料理の味付けと理科の実験とは、ちょっと似ているところがあるかなあと最近思うようになりました。

最初は全く教員をやめるつもりはなかったのです。しかし、最後となった学校で不登校や知的障害をもった子どもたちを担当することで、学校という組織に自分がなじまなくなってきているのをだんだん感じるようになったのです。

不登校の生徒の担当をしていたとき、少しでも楽しいことを企画すれば学校に来てくれるようになるのではと、調理実習を企画したりしました。でも、そんな甘いものではありませんでした。むしろ同僚の先生から、「他の生徒の手前、そんな遊びみたいなことはよしてほしい」と言われてしまいました。自分ひとりだけが空回りする毎日でした。

不登校の子どもの家に家庭訪問しても本人に会えることはなく、わが子が学校へ行かないことだけでとても悩み苦しんでいる親の姿を何人も見ました。

子どもたちのしあわせのために学校はあるはずなのに、学校があることによって苦しまなくちゃいけない子どもたちがいる。これって何かおかしくないのだろうか。教員のいう正論は確かにまちがってはいないけれど、ときにはナイフのように子どもたちの心を傷つけます。

「学校って何だろう」「教員って何だろう」「生きていくうえで一番大切にしなければい

けないことって何だろう」とそんなことを考えるようになりました。わたしは、その答えを見つけたくて、学校とは関係のない外部のいろいろな講演会に参加し始めたのです。学校の外の世界は、自分にとって想いの通じる世界でした。わくわくするような出会いと学びがありました。そして、もっともっといろいろなことを知りたくなりました。

当時はまだ自分の子どもが小さかったこともあって講演会の都合に合わせて参加するのは大変で、自分で主催した方が確実に参加できると思い、ミニ講演会をするようになりました。

そうこうするうちに、結局教員の世界を離れることにしました。学校の外から何かできないかと思ったのです。

コーラとスナック菓子で育ったアキオ　偏った食事とストレスで太る

最後の2年間は、特別学級の担当をし、そこで出会った男子生徒から食の大切さを改めて教えてもらいました。名前を仮にアキオとしておきましょう。アキオの家庭事情は複雑で、おばあちゃんとお兄ちゃんの3人で暮らしていました。

小学校では特別学級に通っていましたが、中学校に入ると生活力があるからといって普通学級になりました。希望に燃えて普通学級に入ったアキオでしたが、結局うまくいかず、2年生からはまた特別学級に戻ることになったのです。そんな事情は知らず、わたしはアキオの担任になりました。

普通学級から特別学級に移ったこともあって、アキオは気持ちの上でもかなり荒れていました。学校に来ない日も多く、朝アキオの家に寄っては出勤することもありました。

おばあちゃんもあまりきちんと食事を作るような人ではなく、アキオの食べるものはめちゃめちゃでした。毎日の食事は、スナック菓子とコーラ1・5リットルのペットボトルを丸飲みして、たまにご飯を炊けば、キムチ一瓶をかけて食べるだけという生活でした。

アキオに何度も食事の話をしました。「1・5リットルのペットボトルには150グラムの砂糖が入っているんだよ」とペットボトルに入っている砂糖の量を実際に見せて、少しでもわかってもらうように話しました。

しかし、偏った食事とストレスで、アキオはどんどん太っていきました。いくら話しても、自分でちゃんと食事が作れるようにならなければ何も変わらないと思いました。

特別学級は普通学級とちがって、決まったカリキュラムがありません。また、当時は土曜日も登校日だったので、土曜日はいつも家庭科として調理実習をしました。

アキオは、たまにはチャーハンを作るらしく、フライパンの手さばきは上手でした。

「フライパンさばき、上手だね」

というと、アキオは嬉しそうな顔をしました。

調理実習で教えたのは、野菜料理が中心で、カボチャやひじきの煮物でした。

アキオは経済的にも大変な家でしたので、食材費をアキオの家から集金するわけにはいきません。そこで考えついたのは、アキオを含めて3人しか特別学級の生徒はいなかったので、余分にできたおかずを弁当にして、先生たちの土曜日の昼食として買ってもらいました。先生に売り込みに行ったり、お金をもらったりすることは、他の生徒にとってもいい勉強になりました。

わたしは、アキオに自分で食事が作れるようになってほしいと思って始めたのですが、実際は、その調理実習にも来ない日がありました。

アキオの卒業
心の安定と食事

その後、唯一頼りにしていたおばあちゃんも亡くなりました。どんどん学校に来なくなるアキオを何度も家に呼びに行きながら、どうにか卒業させました。

卒業後、アキオは住み込みの職場に就職しました。そこでの食事は当番制で、みんなで作ることになっていました。朝はなかなか起きられなかったアキオが、6時には起きて食事当番もちゃんとこなすようになりました。

将来に対して希望がもてなかったアキオ。でもこうして働ける職場ができ、住む場所もあり、お給料ももらえて規則正しい生活と食事ができるようになったら、あんなに太っていたアキオの体がどんどん締まっていくのです。就職前に合わせた作業ズボンがあっという間にだぶだぶになりました。

この時、わたしは退職していましたが、時々アキオの顔をのぞきに行くと、「先生、中学校の時は本当に世話をかけていたよな。先生今無職だろ。俺はちゃんと給料もらっているから」といって、会社にある自販機の缶コーヒーをおごってくれたりしました。

中学校の時のあの荒れきった生活を知っているだけに、こうして毎日きちんとした食事を安心した場で食べられるようになると、こんなにもちがうものかと目を見張りました。不安で不安でしかたないからめちゃめちゃな食べ方をしてしまう。だから太っていく。

アキオが食事をきちんと食べることのできる家庭に育っていたら、また違っていたかもと思います。アキオを見て、心の安定と「食」は本当に深い関係があるのだと思いました。

3　人と人がつながる場として

ゆいの家の始まりは出会いと学びの場から

２００1年の春、アキオの卒業と同時にわたしは退職しました。不登校になっても知的ハンディをもっていても、その子のもち味を生かす場があれば大丈夫。最初は、そんな場を作れないかと思ったのです。卒業後に働ける作業所みたいなものを作りたいと思ったこともありましたが、補助金をもらったり設置基準にしばられた場は作りたくないと思いました。不登校の子たちの居場所を作ることも考えました。重度の障がい者施設の見学に行ったり北海道の浦河にある「べてるの家」という心の病をもった人たちが働きながら生き生き暮らす場も見に行きました。

このように退職後、自分のこれから作りたい場をいろいろなところへ行きながら模索しました。一方ですでに、教員をしていた１９９８年6月からミニ講演会を始め、月１回はやろうと決めて、あちこちの公民館を借りながらしていました。

教員退職後もこの活動をずっと続けていくうちに、小さなログハウスが借りられました。

そこを、ミニ講演会をしながら、いろいろな人との出会いと学びの場にしようと思いました。

人と人がつながる、結ばれる。農村での共同の仕事が「結」と言われていたこともあり、やさしいことばの印象から、活動の場をひらがなで「ゆいの家」と名付けました。

「ゆいの家」がはじまったばかりの頃は、不登校の子どもをもつお母さんたちが、お昼をもって集まってきました。大抵はどこかで買ったパンで、みんなで切り分けて食べながら、あれこれ話していました。

特別ごちそうでもなく、手作りでもないのですが、みんなでお昼を分けて食べあう時間は、わが子の悩みは大変でも、何とも言えずほっとした時間となりました。「まるでパンの試食会みたいね」と言いながら食べていました。

その後場所が変わり、しっかりした台所がある一軒家を借りました。

せっかく台所があるからということで、わたしはこの家の家賃代を稼ぐために、来る人のお昼を作ることにしました。

最初はあり合わせのものを出していましたが、だんだん食に関心がでてきて、どうせお昼を作るなら何か提案していきたいと思い、営業許可を取りました。そして、玄米菜食のランチのお店にして、「粗食ですが、素食です」と言ってやっていました。

玄米菜食を選んだのは、食事は絶対に玄米菜食でなければいけないと思っていたからではありません。ただ、現代の生活では肉などの動物性たんぱく質や乳製品を多く摂りがちで、野菜料理が少ないのではないかと思ったからです。それに、野菜なら義母が家でたくさん作っていますので材料費もあまりかかりません。また、残ってもそのままわが家の食事に出せるので捨てる必要がないと思ったからです。

いつでもちょっと立ち寄れる場として食には不思議な力がある

ゆいの家は、あまりはやらないお店としてやっていました。多くの人にランチを食べて欲しいというよりは、生きづらさを抱えた人が、いつでもちょっと立ち寄れる場としてやっていきたかったからです。だから、宣伝もしませんでした。でも毎日のように、誰かが来てくれて、お昼を食べていってくれました。

初めて来る人は、緊張した様子で自分のつらそうなことをポツリポツリと語ってくれました。わたしは、その人の話をただ聞くしかなかったのですが、やがて一通り話し終わった後、「お昼でも食べていきますか」と言って、お昼を食べることがよくありました。

不思議なもので、なぜか初めて来る人が、自分の話を聴いてほしい時は誰も来ず、その人の話がゆっくり聴けるのです。話が終わった頃に、その人の大変さの解決の糸口になるような人が来たりしました。その人も加わり、食べ終わる頃には、つらそうだった人がとてもいい顔になって帰っていくのです。

ただ話を聞いて、ただ一緒に食べる。それだけなのに、「食」には不思議な力があるのだなあと思いました。

4 食を囲みながら

ミニ講演会を開催 食を楽しみながら

ゆいの家ではミニ講演会もよく開きました。当時は、私が講演することはなく、もっぱら裏方でした。

講演内容は、わたしが教員をしていたこともあって不登校や障がい児についてなど教育関係のことが最初は多かったです。でもいろいろなことにわたし自身の関心が向き、環境問題、老人問題、心の病、農業、哲学、食のこと、ガンのこと、気功教室、料理教室、企業セミナーなど、自分がいいと思った人をとにかくお呼びして講演会を開くようになりました。2013年には350回となり、今でも続いています。

　大きなテーブルを囲んでの講演会。多くても10人前後。いつもは5、6人で、「ゲド戦記」の訳者である清水眞砂子さんをお呼びした際は3人だけという贅沢なときもありました。

　講演会では、何か必ず食べものを用意しました。食事のときもあるし、簡単にできる手作りお菓子というときもありました。

　講師の先生と一緒にお茶や食事をすることで、場がとても和むのです。中には、その食事をとても楽しみにしてくれている人もいます。一緒に食事をすると、初めて会った人でも前からの知り合いのような気持ちになれるのは不思議です。「食」は場をなごやかにし、人をつなげる力があると思いました。

　作るものは、この時は玄米菜食にはこだわらないのですが、極力動物性のものや砂糖は控えて、野菜料理を中心に季節のものを出すようにしていました。せっかくここまで講演に来てくれる講師の方に、たいした謝礼もお支払いできない代わりに、せめて食事だけはできるかぎりのことをしたいと思い、講演会の時の食事はいつも以上に想いをこめて作っていました。

「もちより食堂」「ワンデイシェフ」参加者から料理を学ぶ

玄米菜食のランチのお店をする前に、月1回、「もちより食堂」ということで、1品持ち寄りの日をやっていたことがあります。必ず手作りということはなく、どこかで買ってきてもよし、果物でもよしとしていました。肉類はダメ、ということもしません。他の人に食べてもらいたいというそれぞれの人の想いを大事にしたいので、持ってくる物にあれこれ注文をつけたりはしませんでした。

大皿に盛って欲しいものをそれぞれとるというバイキング形式で、食べ始めると「これおいしいね。どんなふうに作るの」と自然に会話がはずみます。このように、月1回だけの「もちより食堂」でしたが、みんなでワイワイ言いながら食べる食事は、本当に楽しいものでした。

わたしがいつも台所に立っているとゆっくり話せないという声があり、一時期「ワンデイシェフ」方式をとったこともあります。ランチをいろいろな人に頼んで作ってもらっていました。わたしはお手伝いをさせてもらいながら、その時作ってくれた料理をかなり自分のものにしました。玄米を上手く炊けるようになったのもその時のおかげです。そんな経験が、玄米菜食のランチのお店となっていったのです。

ゆいの家でのミニ講演会でいろいろな人のお話を聞くなか、よく食のことが出てきました。自分の経験もあってますます、「食」にはすごい力があるのだなあと思いました。そんなことを教えてくれた方の話を紹介します。

5 食のもつ力を教えてくれたひとたち

「クッキングハウス」松浦幸子さんの話

一人めの育休中に、松本キミ子さんがすすめるキミコ方式という、三原色を使って誰にでも簡単に絵がかける描き方の大会が伊香保でありました。会場がわが家から近いということもあってなんとなく参加した会場で、松浦幸子さんに出会いました。

松浦幸子さんは、教員以外の世界に興味を持ちはじめたころに出会った最初の人で、わたしの今につながる原点となった方です。

松浦さんは、「クッキングハウス」という、心の病をもった人たちを支える活動をもう

30年近く東京の調布でおこなっています。

松浦さんは、わが子の不登校経験から弱い立場の人たちに寄り添う仕事がしたいと精神福祉のワーカーの資格を取り、最初の仕事として受けもったのは、心の病で20年以上施設にいた女性を地域で暮らせるようサポートすることでした。ずっと施設にいた彼女は、松浦さんと初めて街のレストランに行っても自分が何を食べたいかわからず、ただがつがつ食べるだけだったそうです。

そんな彼女を見て、ワンルームマンションを借りて、そこでみんなで食べたいものを決めてから、買い物・調理・後片付けまで心の病をもった人と一緒に食事作りを始めたのです。

回数を重ねるうちに、集まる人の表情がどんどん明るくなり、会話が増えていったそうです。身だしなみも整えて来るようになり、ほんのり化粧をして来る人もでてきました。そんな活動の輪が広がって、心の病を持った人たちの自立の場としてレストランを始めました。

実際、「クッキングハウス」に行ってみると、何人も心の病を持った人がそこでいい顔をしながら働いていました。いつもニコニコしながら話しかけてくれるその人は、かつては全く無表情で自殺未遂を何度も繰り返していたと聞きました。

でもそんな人とは思えないぐらい明るいい表情でした。一度来た人の名前もよく覚えていて、行くと必ず名前を呼んであいさつをしてくれます。

ランチの時間が済んだ後のスタッフやメンバーだけのティータイムもほっとする時間でした。松浦さんは、いつもメンバーだけでなく心の悩みをもった人たち一人ひとりにていねいに向き合っていました。そして昼間の活動の場だけでなく、心の病を持ちながらも働く人たちの夜の居場所として、夕ご飯を一緒に食べる場も始め、忙しく活動されています。

みんなで作って一緒に食べる、ただそれだけなのに、そこに集まった人たちの大切ないのちのよりどころになっているのです。

ドヤ街をサポートする村田由夫さんの話

「こどもとゆく」という毎月発行されていたミニ小冊子の中に、村田由夫さんのことが書かれていました。

村田さんは、横浜の寿《ことぶき》というドヤ街をずっとサポートしていました。わたしはそこに住む人たちがどんな生活をしているか知りたくて、村田さんをお呼びしました。

村田さんは、アルコール中毒の人などを必死に良くしようと思っていた時は、なにも良くならなかったと言います。肩の力を抜いて無理に良くしようと思わなくなった時、その人たちは変わり始めたそうで、そんな話のなかで、「食事をきちんとしていない人は、ここでも落ちていくのです」と言われ、「えっ」と思いました。

そこに住んでいる人にとって食事を食べるかどうかは、その人たちの生き方に関係ないと思っていたからです。食事は質素でもきちんとその人なりに食事をとっている人は居続けるけど、そうでない人は知らないうちにドヤ街からいなくなるそうです。

「食」にきちんと向き合うこと、それは自分の「いのち」に向き合うことだと、その時はじめて思いました。自分の「いのち」に向き合えない人は、食もどうでもいいのです。自分が生きている意味さえどうでもよくなるのです。

「地域の茶の間」河田珪子さんの話

クッキングハウスの松浦さんの場でお会いした元共同通信論説委員でジャーナリストである横川和夫さんから、「新潟にとても素敵な活動をしている人がいて今取材中なんです」と教えていただいたのが、河田珪子さんです。

新潟で一軒の家を借りて地域の茶の間「うちの実家」をしている河田珪子さん。

「うちの実家」では、三々五々いろいろな人が集まります。そこで用意する昼食は、ご飯と具沢山の味噌汁だけ。ここでも食が人をつなげるものになっていました。

実際に行ってみると、特別なものを用意しているわけではないのに、いつも多くの人が集まり、この日も30人くらいの人が集まって、みんなで一緒に楽しそうに食べていました。

一品持ち寄りと決まっているわけではないのですが、自分の自慢料理や漬物を持ってくる人もいます。そして、持ってきたものをみんなが「おいしい」と言って食べてくれる、とてもあたたかい場になっていました。

重ね煮を教わる
船越康弘さんの話

知り合いが、食のことについてとても面白い講演会をする人がいるからといって渡してくれた1本のテープが、岡山で自然食の宿「百姓屋敷わら」をしている船越康弘さんとの出会いでした。

船越さんからは「重ね煮」という料理方法を教えていただきました。船越さんは「食が変われば人生が変わる」といい、「食」をおいしいとかまずいとかいう前に、その「いのち」にまず感謝することも教えてもらいました。

野菜を育ててくれた雨・土そしてお日さま。育ててくれたお百姓さん、ここまで運んでくれた人、料理してくれた人などすべてに感謝して、船越さんはいつも食べていました。また、料理する時は「おいしくなあれ」と愛を込めて作ることも教えてもらいました。とにかく料理する時の想いが大事で、そんな船越さんから教えてもらった「重ね煮」が、今のわたしの料理教室の土台となっています。

「森のイスキア」佐藤初女さんの話

佐藤初女さんは、ドキュメンタリー映画「地球交響曲（ガイアシンフォニー）第一番」に出たこともある方です。青森の岩木山のふもとで「森のイスキア」という場を開かれていますが、初女さんに会いたくて全国から多くの人が訪れます。想いをこめて作った初女さんのおむすびを食べて、元気を取り戻した人はたくさんいると聞きます。

「食はいのち」と初女さんは言います。一度県内で開催された初女さんの料理教室に出たことがあります。お米を研ぐことから見させてもらいましたが、一粒一粒ていねいにお米に語りかけるように研いでいました。そしておむすびもそっと握っていました。すべてがそっとそっと想いを込めながらでした。初女さんの握ったおむすびは、彼女の慈愛に満ちた想いがたくさんつまっていると思いました。

　わたしは、佐藤初女さんの「森のイスキア」をひとりで訪ねたことがあります。わたしの夫が亡くなってすぐの時でした。連絡を取らずに行ったのでもちろん誰もいず、がらんとした建物があるだけでした。でもここで初女さんの食事で心癒される人がいるのだなあと思いながら帰ってきました。

　その後、友人の誘いで弘前に行ったとき、案内をしてくれた人が初女さんになぜか連絡を取っておいてくれたのです。そんなことを全く知らなかった私は、まさか森のイスキアに行ってお会いできるとは思ってなかったのでびっくりしました。

　そこで初女さんの本にも載っているちらしずしを食べさせていただきました。お会いで

佐藤初女さんに食べさせていただいた料理

きるだけでも十分なのに、初女さんの作ったものまで食べさせてもらえるとは思っていなかったので、感激して少しづつ味わって食べていました。そうしたら、「これから夜行で帰るのは大変でしょうから」と、ちらしずしを入れたお弁当まで持たせてもらったのです。さらに感激して、帰りの夜行列車の中、一口一口初女さんの想いをかみしめながら食べました。

料理は別に豪華でなくてもいいのです。想いを込めて作ればおむすび一つだって人を感動させ、時にはいのちを救うことができることを身をもって初女さんから教えてもらいました。

そんな初女さんも亡くなられてしまいました。とても残念です。でも初女さんに食べさせてもらった料理の味は自分の舌の中に残っています。わたしは、少しでも初女さんの食に近づけるようになりたいと思っています。

6 食の道を選ぶ

夫がガンになって現代医療への疑問

いろいろなジャンルの方をお呼びしてのミニ講演会をずっと続けていたのですが、その中でガンにも興味を持ち、「ガンに学ぶ」という連続のものをするようになりました。ガンになった人の話や代替医療の話をしてもらっていました。それに伴ってガンに関係するいろいろな方の本も読みました。直接書かれた人の話を聞きたいと、ガンについての著作も多い船瀬俊介さんをお呼びしたこともあります。ガンに関係する講演会にも足を運ぶようになりました。

そんな中、夫が、血液のガンである急性骨髄性白血病になったのです。息子が高校に入学したばかりの春でした。夫がガンになってからはより集中して情報を集めました。

すでにガンに関するいろいろな知識は持っていましたから、医者任せの治療だけをすれば治るものではないと思っていました。病気になるには、必ず原因があります。ガンは、どこからか突然やってきたものではなく、長年の生活の中から自分で作ったものです。

今までの生活そのものも見直さなければなりません。その中で食の占める割合はかなり大きいと思います。ゲルソン療法や甲田療法など食からガンを治す療法もいろいろあります。

夫は、骨髄移植の後、再発、再々発までいきました。再々発をしてからは、抗ガン剤治療の限界を感じ、わたしはいろいろな情報をもとに出来る限りのことをしました。

抗ガン剤の恐ろしさは知っていましたが、白血病は、比較的抗ガン剤が効くといわれていました。でも再々発がわかってからは、夫も抗ガン剤をつかうことをやめていました。

しかし、医者の治療とちがって即効性があるわけでもなく、夫自身が、そういった方法を信じきれなくて「やっぱり、抗ガン剤を飲んでみる」と言って1週間飲みました。

そのとき強く「抗ガン剤を飲んじゃダメ」と言えばよかったのですが、夫は精神的にも追い込まれていて顔面神経痛にもなっていました。人がかわったようにいつもイライラして家族にあたっていました。あのときなぜ止めなかったんだろうという後悔は今でもあります。

そして、夫は、「明日、医者に行ってやっぱり抗ガン剤をよすと言ってくる」といった次の日の朝、もうすでに体力が限界だったのでしょう。寝室の窓際に寄りかかりながら着替えをしている夫の姿が見えた後、夫は2階から降りてくるときに階段を踏み外してしまいました。慌てて救急車を呼び、病院に連れて行った時には、医者に「肝機能がかなり落ちています」といわれ、翌日亡くなりました。

階段を踏み外したことが原因ではなく、抗ガン剤の副作用で肝機能がダメになっていたのです。52歳でした。ちょうど息子が高校3年生の秋でした。

わたしは、夫の死を無駄にはしたくないと思いました。

医者任せの治療や抗ガン剤などだけで本当に治るのだろうかと疑問を持ち、自分にもできることがあるのではないかと考えるようになりました。

わたしは医者ではありません。しかし、食と健康についてもっと知りたいとたくさんの本を読むなか、「食」の大切さをますます感じるようになりました。

今多くの人が、とりあえず満腹になればいいとか、おいしいものを食べたいだけ食べるという欲で食べています。夫も肉が好きで酒やたばこもやっていました。夫の仕事柄、電磁波の影響もあるかもしれません。原因はいろいろあって食ばかりではないかもしれませんが、食も含めて日々の生活の積み重ねがガンというものになっていったのはまちがいがないと思います。

「食」を仕事にしたわけ すべてをつなげるもの

ゆいの家の活動は、その場を維持するだけの収入しか考えずにやってきました。もちろんわたし自身の収入といったものも考えず、経済的なことはすべて夫が担ってくれていました。教員をやめるときも何も言わず、退職後も、ずっと好きなことを私にさせてくれていたのです。いつも陰でわたしの活動を支えてくれていました。

そんな夫が亡くなり、これからは自分が家庭の経済を支えなければならなくなりました。

講師として教員に復職するのが一番安定した道でしたが、あえて「食」を自分の仕事にしていこうと思いました。

「食」は、それまでのゆいの家での出会いと学びをすべてつなげるものだと思ったのです。ゆいの家の活動を通して学ばせていただいたことを自分なりの表現で伝えたいと思ったのです。「食は生き方」とか「食はいのち」とことばだけの理解ではなく、心底そうだと思えてきたのです。

また夫の死を無駄にはしたくなく、病気と食の関係も伝えていかなくてはと思いました。ただ、病気治しの食ではなく、しあわせに生きるための食を伝えたいと思いました。

模索する中
食はとても広くて奥深いもの

教員をやめたとき、自分でも料理教室をするようになるとは思ってもいませんでした。夫が亡くなってからも、いろいろな方々との出会いがありました。それが積み重なって今となっています。

最初、わたし自身、「食」といってもいったい何を伝えればいいのだろうか、とても悩みました。一口に「食」と言ってもあまりにも広すぎるのです。夫が生きているころと違って好きなことだけをしていればいいわけでなく、経済的なことも考えなければなりません。そう思うとどこか焦ったりして、何度も方向転換しました。いまだに経済的なことはにがてです。

ただ、「しあわせに生きるための食を伝えたい」という想いは、一度もブレていないのですが、それをどう伝えるのかがなかなかわかりませんでした。

夫が亡くなって約10年。やっと、出会った方々の借り物のことばではなく、自分の中に腑に落ちた自分のことばで、伝えられるようになってきたと思います。そして、料理教室を通して、料理を作るのが楽しいと思う人を増やしていきたいという想いに気づきました。

わたしの「食」の原点
「勉強せい」よりご飯

わたしは、はじめから「食」に対して強い関心を持っていたわけではありません。

インスタント製品が出始めた1960年に生まれ、高度成長期と共に育ち、カップめんが発売された時は、何てすごいものが出てきたのだろうと思いました。お湯を入れるだけでちゃんとラーメンになるのですから。わが家では、ご飯が足りない時は、よくインスタントラーメンを食べていました。自営だったので家にはいつも母がいて、三度三度作ってくれていましたが、何かにこだわって作っていたわけではなく、ごくごく普通の食事でした。

そんな家庭で育ったわたしが、最初に「食」が大事だと気付かせてもらったのは、子どもの通っていた保育園のおかげでした。その保育園の紹介で、教育心理学者の秋葉英則さん（当時は、大阪教育大学の教授）の講演会を何度か聞きに行きました。関西弁でいつも熱の入った講演会でしたが、何度目かの講演で次のことをお話しされました。

「親は飯ぐらいしっかり作ろうではないか」

わが中学生。
もう親として「ああしろ」「こうしろ」と命令する時代は過ぎた。
子ども自身がワレに未来を考えるようになってきた。
その土台をもう一度、シッカとつくってあげないかん。
その土台こそがメシや。
食わんかったら死んでしまう。
メシぐらいしっかり作ろうではないか。
昨日と同じものを出すことがあっても、
ちょっとちがった器に出してくれる工夫をしてくれる。

母ちゃん、今さら勉強せいと言ってもあかんのや。
そんなことより飯さえしっかり作っとったらええんや。
たとえ買ってきてもせめて皿に盛りなおしてださんといかんのや。
メシぐらいしっかり作ろうではないか。
弁当をちゃんと作ってくれる。
しかも継続は力なり。
だから勉強せいという前に、メシぐらいしっかりと作ってほしい。

そのことばがストンと自分の中に入りました。秋葉先生の話を聞いて改めて食は大事だと思ったのです。

わたしの子育てと食
食をしっかりすれば学力も伸びる

当時わたしは、ふたりの年子の子どもを保育園の送り迎えをしながら教員をしていました。とても忙しかったのですが、食事は当たり前のこととして作っていました。でも、秋葉先生の話を聞いて以来、食事を作ることがとても大事なことだと意識するようになったのです。

だから、その後も食事を作ることはいやだとは思ったことはありませんでした。毎日すごいものを作っていたわけでなく、気をつけたことはできるだけ添加物のないもの、旬の野菜を使う、調味料はいいものを使うぐらいでした。

また、ご飯は何を食べたいと子どもに聞くことはほとんどなく、作ったものは、ご飯粒一つも残さないように食べさせ、テレビを見ながらの食事もしませんでした。また、清涼飲料水やスナック菓子の買い置きもすることもなかったです。

一方で、子どもの学校の成績は気にかけず、テストや通知表もほとんど見たことはありません。学校の成績なんて子どものほんの一部でのことでしかなく、そのことで一喜一憂してもしょうがないと思っていたのです。

また、子どものためにビデオを見せることもゲーム機を買い与えることもなく、いつも大人の管理下にあるようなスポーツ少年団にも入れませんでした。子どもたちは、自分の自由な時間をいろいろ工夫して楽しんでいました。

そうしたら、息子は進学塾にも行かず東京大学の理Ⅲに現役合格して、今は、研修医として頑張っています。一つ下の娘も結婚して2児の母になっています。それぞれ自分の人生をしっかり歩んでいます。

学校の勉強は、それに合うタイプとそうでないタイプがある気がしますが、秋葉先生が言ったようにご飯さえちゃんと作って食べさせていれば、人として生きていく大事な土台がしっかりできていく気がします。

それに、「子どもを東大に入れました」といった本を読むとたいてい食の話が出てきて、ご飯をきちんと食べさせていたことが書いてあります。わたしの友人で子どもを東大に入れたお母さんたちも、やはり同じことを言っていました。

東大に入ることが一番偉いこととは思いませんが、子育ての中で一番大事にしなくてはいけないことは、やっぱり食だと思います。

7 料理をつらいと思う人へ

料理はめんどうなもの
お弁当を作るのも大変

食事作りをめんどうなもの、できればしたくないと思っている人は多いようです。

今から20年も前になりますが、子どもが小学生だったころ、役員会などで集まった帰りには、お母さんたちの「ねえねえ、今晩何作る?」という会話をよく耳にしました。すでにこの頃から料理を作るのがめんどうだなあと思っているお母さんが多かったです。その頃の子どもたちがもう親になり始めています。

運動会も最初はお昼を作って家族みんなで食べていたのが、いつの間にか子どもたちは給食となって親と別に食べることになりました。その時は何とも思わなかったのですが、よく考えればお昼ご飯を作るのがめんどうくさいと思う人が出てきたのかもしれません。あるいは、家庭的に作ってもらえない子どもがいるからといった配慮からかもしれません。理由はともあれ給食になったのは事実です。

ある学校では、明らかに運動会の日のお昼ごはんを作りたくないお母さんの声で給食になり、今度はその給食を作る給食センターで働くお母さんたちが、「お昼を作りたくないお母さんのために、なぜわが子の運動会を見に行くことができないんですか」と言い出し、話し合った結果、運動会は午前中で終わることになったという話を聞きました。

また、わたしの友人が「子どもの卒園のお祝いにみんなで一品持ち寄りをして集まろう」といったら、「集まるのはいいけど一品持ち寄りなんてしたくない」と全員から言われ、結局ハンバーグセットか何かを注文してみんなで食べたそうです。

作った方がいいのはわかっている
でも料理がにがて

一方で、作る気はあるのだけど時間がかかったり、うまく作れず、にがて意識を感じたりする人もいるようです。料理教室に来ていただいたある方は、作ったほうがいいことは重々わかっているけど、料理を作るのが苦痛で仕方なかったと言っていました。

料理なんていつでも作れるようになる。そんなことよりも今は勉強の方が大事と、料理を作る経験のないまま大人になった人がたくさんいます。

小さい時、台所に立つことに興味をもっても、包丁が危ない、火が危ない。子どもが手伝うとかえってめんどうで仕方ない。そんな理由で、たとえ興味を持ってもさせてもらえず大人になった人もいるかもしれません。台所に立つことに興味を持つのは、5歳がピークとか。味覚の発達は9歳までと言われます。

料理を作る経験がないまま大人になって、自分で稼げるようになればつい買って食べる生活。作らない生活を続けると、どんどん料理がめんどうなこと、にがてなことになっていきます。

いつも料理を作っていても
いろいろある

いつも作っている方に多いのは、「味付けがワンパターンになるんだよね」という声です。「毎日同じものじゃ飽きちゃうしね」と懸念される方もいます。

「せっかく作っても残される」とか「健康にいいからと言ってもダメなんですよね。食べてくれないんです」と嘆かれる方もいます。

また、「わたしはいつもちゃんと手作りしています」という方の中にも、良いしょうゆとそうでないしょうゆの区別のつかない方もいます。たいていそういった方は、化学調味料のだしなどを使って味をつけていることが多いようです。

手作りが大好きな方の中には、子どもの喜ぶものばかりを食べさせ、食事だけでなくさらに手作りの甘いお菓子を食べさせていて、お子さんは太り気味という人もいました。

8 料理が作るのが大変な人ほど伝えたい

食べ物は簡単に買える便利な世の中

わたしの話を聞いたある女性が、次のような感想を書いてくれました。

経済力がつくと、何でも好きなものを好きなだけ食べることができるようになってきます。そうした中で、近年は暴飲暴食も度が過ぎていきました。年々増える（微増ですが）体重とともに、振り返れば何も考えずに無意識で食べたいものだけを食べる生活に陥っていました。毎回コンビニのから揚げとか、うどん、ラーメン、ハンバーガーの繰り返しという食生活だったように思います。

仕事が忙しく夜の帰りも遅い。お金も適当にあって、まわりにできあいのおいしいものがあふれていれば、なかなか手作りをする気にはなれません。夜遅くなれば値引きもされています。

子どもが大きくなれば、習い事や塾の送り迎え、スポーツ少年団の応援で平日ばかりでなく土日も家にいられない人もいるでしょう。義理のお姉さんはまさにそうでした。

そんな方は、あまりの忙しさに料理教室に参加されることもないのですが、台所にゆっくり立っている時間はなく、移動中に何か買って食べさせることも多いのではないかと思います。

ゆいの家の料理教室から応援したい「わたしでもできそう」

このように料理を作ることに対して、いろいろな思いがあると思います。わたしは、忙しく働く人ほど料理教室を通して応援したいのです。料理がにがて、大変だと思っている人に「大丈夫だよ、簡単においしく料理ができるよ」と伝えたいのです。

そのためにはちょっとしたコツがいります。でも毎日きちんと手作りをしてこなかった人もそのコツはすぐつかめます。そんな「わたしでもできそう」という料理を伝えています。

実際、料理教室に参加した多くの方が「こんなに簡単でいいの」「あっという間に何品もできるね」「これなら家でもやれそう」「そんなにこだわらなくてもいいんだ」とほっとした気持ちになって帰られます。

そして後日、「家ですぐに作ってみました」「家族に今日のはおいしいねと言われました」「あれから何回も重ね煮を作っています」と、うれしい言葉をいただきます。「家で作っています」「料理が楽しくなりました」と、そんな声を聞くのが何よりうれしいものです。

第2章　楽しく料理をしませんか

伝えたい料理って何
いろいろな料理教室に参加

「食」を仕事としていこうと決めてから、わたしの伝えていきたい料理はどんなものだろうと考えました。「食」は単に栄養をとるとか、カロリーをとるとか、健康維持のためだけではないのです。まして、あれこれ料理レシピを伝えたいわけでもありません。だから、どんな料理方法がいいのだろうといろいろな料理教室に参加してみました。

動物性のものを使わない玄米菜食を中心としたマクロビオティック料理教室に参加したときは、最初に玄米を一つひとつよりわけていくその厳密さにびっくりしたものです。マクロビオティックのように動物性のものを使わず、かつ五葷《ごくん》（ネギ科の野菜）も使わない精進料理も、鎌倉の不識庵の藤井まり先生にゆいの家に何度も来てもらってみんなで習ったことがあります。毎回その季節の食材を使った料理が楽しみで、漆器の器で食べていました。

また、「あなたと健康社」の東城百合子先生の料理教室に中級まで通ったこともあります。そこには、いつも料理を作る前に、1時間ぐらい東城先生が話されることを聞きたくて行っていました。東城先生の迫力のある話にいつも圧倒され、多くの学びがありました。

若杉友子さんの料理教室にも何回か参加しました。若杉さんから教えていただいた料理方法も、料理教室でよく紹介させてもらっています。

とにかくいろいろな方の料理教室に参加しながら、自分の伝えていきたい料理を考えていきました。

自然《じねん》料理に想いをこめる

わたしの伝えたい料理は、シンプルなものです。

最初にカツオや昆布、しいたけなどのだしの大切さを伝えることもしません。もちろんだしの大切さ、おいしさはよくわかっているつもりでいます。でも、純和風料理のだしは、料理がにがてな人にとっては、ますますめんどうに思えてくると思うのです。

また、マクロビオティックのように厳格にやっていくことでもなく、精進料理では使わないネギ類もどんどん使っています。船越康弘さんから教えていただいた重ね煮を使って、すべての料理をするわけではありません。

わたしの料理では、砂糖や動物性のものをできるだけ使わず、旬の野菜を中心にした「ばっかり料理」で、簡単で短時間にでき、しかも「おいしい」と言ってもらえるものを伝えていきたいと思いました。簡単といっても電子レンジは使いたくありません。「食」をきちんといのちのつながりとして意識していきたいのです。

そんな自分の想いが伝わるような一言がないかと考えていた時に、ふと浮かんだのが、「自然（じねん）料理」ということばでした。「しぜん」ではなく「じねん」です。これは上野村に住む哲学者の内山節さんをミニ講演会でお呼びしたときに教えてもらったことばです。

自然（しぜん）は、明治になってからできた造語で、英語のナチュラルということばの訳としてできたそうです。本来日本人は、人間と自然が対峙することなく一体となって共に生きて、自（おのず）と然（しかり）だったそうです。

食も同じで、「良い・悪い」といった対立を考えるのではなく、自分の体が教えてくれる気持ちのいい食を伝えていきたい、そう考えてわたしの料理は、「自然（じねん）料理」としました。

1 わたしの料理の基本の考え方

わたしは、自分の自然料理を次のように考えています。

いのちのつながりに感謝してあまり余分なことはせず
素材そのものの持ち味を
限りなく生かす
自分の五感をフル活用した
あるがままの料理
だから調理の方法や考え方は
決めつけずこだわらず
時には手抜きをしながら
自分の心と体にとって喜びとなる料理

いのちのつながりに感謝して

まずは食べられることに感謝します。おいしくてもそうでなくても、食には多くのいのちのつながりがあります。わたしたちの口に入るまでには多くの人の手もかかっています。

こうして、日々食べることができることへの感謝が、食の始まりだと思います。

フランスに行ったとき、たまたまのご縁でパリの三ツ星レストランに野菜を卸されている山下農園の山下朝史さんに会うことができました。「どんな料理をされているのですか」と聞かれたので、「肉などを使わず、化学肥料や農薬を使わないできるだけいい野菜を使って……」といったら「野菜にいい・悪いはありません。イデオロギーでなんでも分けようとするからいけないのです」ときっぱり言われま

パリでもおむすび。食の楽しみは世界共通です

した。

その後いろいろ山下さんのお話をうかがっていくとその意味が少しわかったように思いました。山下さんは、大切ないのちとして野菜に想いを込めて育てているのです。山下さんの書かれた『農道』という本を読ませてもらうと、その育て方は本当に丁寧でした。余分なことをし過ぎず、かといって手を抜かずそっと見守るように野菜を育てていました。山下さんは、愛はそっと寄せるものだと言っていました。

だから野菜も能書きを頼り切って選ぶのではなく、自分の五感を大事にして、本当においしいと思ったものを見つけるのが一番です。最近では生産者の名前が載っている野菜が多くなったのは、いいことかなと思います。

昔、有機野菜を扱った小さな八百屋さんをやっていた友達が、同じ有機野菜といっても作り手の人柄がいい感じの人だと断然その野菜の鮮度や味がちがってくると言っていました。野菜もやっぱり作り手の想いが「のっかる」のだなあと思いました。有機野菜にすると高く売れると思って作っている人はやはりだめです。

義母は、有機肥料だけでなく化学肥料も少し使っていましたが、毎日畑仕事が楽しみで草一本はやすことなく一生懸命作っていました。そんな野菜はやはりおいしいと思いました。スイカを作るのも上手で、わたしも義母のようにスイカができないかと毎年挑戦していますが、今もってうまくできません。

前は何とも思わず義母の作ってくれた野菜を食べていたのですが、自分が畑をやるようになって初めて、義母の想いをこめた野菜作りはすごかったんだなあとしみじみ思います。

あまり余分なことはせず素材そのものの持ち味を限りなく生かす

味付けは、あれこれ調味料を入れずに、できるだけシンプルな味付けをするようにしています。特に野菜料理は、いい塩を使うだけでちがいます。

秘訣はやはり、いい調味料を使うこと。

知り合いが、ゆいの家で使う塩をトマトに振りかけて出しただけで、旦那さんから「今日はいいトマトを買ってきたくれたんだね」と言われたそうです。いつもと同じトマトなのにと可笑しく思ったそうです。

たまに実家に帰って一人で生活している父に料理を作るのですが、同じものを作っても調味料や道具がちがうといつもの味にならないのです。

最近は、車で実家に帰る時には調味料と道具一式を持って行きます。しょうゆでも味噌でも全然ちがうのです。わたしの料理がおいしいと言ってもらえるのは、素材の良さそのものに、いい調味料と道具のおかげだと思っています。

わたしのまわりにも「調味料をよくするといろいろなものを入れなくてもシンプルな味付けで十分おいしくなるし、素材の味もよくわかるようになった」という人がたくさんいます。

つまり、いい素材にいい調味料や道具を使えば、誰でもおいしく作れるようになるということです。いい調味料ですべてそろえるのは大変だと思いますから、まずはいい塩を使ってみてください。その次に味噌、しょうゆ、そして油をいいものにすれば、あまり余分なことをしなくても、おのずと素材の持ち味を生かした味つけができるようになります。

自分の五感をフル活用した あるがままの料理

レシピ通りに計量カップ等で何でも計って入れる調理は、カーナビで運転しているようなものです。指示されるまま数字に頼った料理です。

わたしたちは、目で見て、においを鼻で感じ、味を舌で感じ、音を耳で聞くことができる素晴らしい五感を持っています。その五感を料理にも使わないのはもったいない。使うほど五感はさえていきます。

五感をフル活用して料理を作るようになると、あまり余分なことはしなくなり、素材のおいしさを生かしたあるがままの料理を作れるようになっていきます。応用した料理もできるようになっていきます。

だから調理の方法や考え方は決めつけずこだわらず

料理方法は最初から決めつけず、その野菜を見てその時一番いいと思った料理の仕方をすればいいのです。これができるには経験が必要かもしれませんが、料理も生き方と同じで、作り方や味付けもこうでなければとこだわりすぎるのは料理の幅を狭くしてしまうと思います。

わたしに重ね煮を教えてくれた船越康弘さんは、師匠である小川法慶先生に住み込みで料理を教えてもらいました。厳しい修行の最後の日、師匠はそれまでとは全くちがう肉や油たっぷりの中華料理を食べに連れて行ってくれたそうです。おそらく、「こだわるな」ということを教えたかったのでしょう。何かにこだわることも大事ですが、こだわり過ぎるのもよくないのです。

時には手抜きをしながら自分の心と体にとって喜びとなる料理

わたしは、料理の中心軸にあるのは、自分や家族の心と体にとって喜びとなる料理と考えます。それさえわかっていれば、時には手抜きもいいと思うのです。全部手作りにこだわる必要はないとわたしは思います。たまに変なものを食べて調子がおかしくなれば、それはそれで学びとなります。次から気をつければいいだけのこと。むしろ無理して抑えると、その反動の方がすごいことになります。

常に自分の心と体の声を聞く。心も体もいつも同じではありません。季節やその時の体調などでちがってきます。年齢によっても変わります。頭ではなく、常に自分の体に向き合い対話をしながら作ることです。体がちゃんと教えてくれます。

わたしにとって料理は、自分自身に向き合うことかもしれません。

このように「自然（じねん）料理」を定義してみました。

2 ぜひ伝えたい基本の重ね煮

基本の重ね煮
忙しい人ほど便利

一番最初に料理教室で伝えているのが、しいたけ、玉ねぎ、にんじんを使っての「重ね煮」で、わたしはこの組み合わせを「基本の重ね煮」と言っています。

「重ね煮はとても便利」とか「重ね煮があると安心」と料理教室に参加した人たちは言ってくれます。とにかく忙しい人ほど伝えたい料理の仕方です。

「刊行によせて」を書いていただいた朝倉千恵子さんの会社は、東京の丸の内にある「新規開拓」という社員教育の会社で、わたしの食の講演と料理教室を2回にわたり企画してくれました。

この会社は、特にトップセールスレディ育成塾といって働く女性たちを応援しています。現在塾生は2000人を超えたそうです。その時の企画担当の方が、何とか日程をやりくりして料理の下見を兼ねて、基本の重ね煮の料理教室に参加してくださった後、その後自分がどう変わったのかそのことを書いてくれました。

Aさんの料理教室体験談

昨年46歳の誕生日の朝、体調不良で病院に行くことから始まりました。救急病院でしばらく点滴を打って深夜に帰宅したものの、原因は不明確。さすがに精神的に滅入ってしまい、今の生活の延長線ではわたしの五十代はない！　と心から思いました。食べたモノで体は作られるとはわかっていたので、これまでずっと改善したいと思っていました。でも、日常の忙しさにまぎれて過ごしていたのです。

病気を機に健康の危機を感じて、まずは食習慣改善から！　と一念発起。高石さんが開催している料理教室でずっと気になっていた「重ね煮」を勉強しようと思いました。

料理はあまり得意でなく、友人と一緒にゆいの家を訪ねて、実際に野菜を切るところから教えてもらいました。

野菜はたった3種類。切り方も簡単。大きさにばらつきあっても気にしない。味付けはお塩を少々。いいの？　たったこれだけ？　ふたをしてあとは火にかけて野菜の甘くておいしい匂いがするまでそのまま。

「甘い……」初めて重ね煮を食べたとき、野菜がとても甘くおいしく感じました。これをベースにひじきや切干大根も簡単に作れてしまう！

これはいい!!　わたしでもできる、と思い、すぐに土鍋を購入し「重ね煮」生活が始まりました。仕事で疲れた日でも、簡単に料理ができるのでむしろ気分転換になって、料理をするために有機野菜や新鮮な食材を探すようになりました。冷蔵庫に重ね煮が常備している生活が続き、職場にお弁当を持って出社するようになりました。

味覚もよりシンプルになり、食材選びもこれまで以上に意識するようになりました。教えてもらった料理方法が簡単で、時間がかからず、材料も多くは必要ありません。だから、料理がにがてなわたしでも今まで続けられました。

料理教室や本を買ってみると、下ごしらえや必要な材料が多かったり、馴染みのない食材があったりと、それだけで料理がにがてなわたしは気が滅入っていました。

高石さんの料理は早くシンプルにでき、いかに時間をかけずにおいしく体にいい食事を作れるか考えられていました。忙しい女性たちの生活サイクルに合っていて、だから続けられるのだと思います。

食習慣改善をきっかけに、運動も意識し、結果体重も減り、フットワークがよくなりました。朝がにがてでしたが、早起き習慣も身に付き、身体の中で変化が起こっていることを実感しています。これからも体にいいこと、いいモノを摂っていきたいと思います。

ゆいの家では「基本の重ね煮」は、忙しい人にこそ伝えていきたいと思っていましたから、このような感想をいただけると、少しはお役に立てる料理の仕方なんだとうれしくなります。

3　基本の重ね煮　作り方

では、その基本の重ね煮の作り方を紹介します。

材料は、しいたけ（乾物を水で戻したものも使えます）、玉ねぎ、にんじんと塩少々です。

作り方は、基本的にはどんな切り方でもいいのですが、料理教室の時は、できるだけ野菜のエネルギーを意識して回し切りという方法を伝えています。中心と外をつなげる切り方です。

にんじんの皮は、農薬等の心配がないときは基本的にむきません。皮に抗酸化物質があ

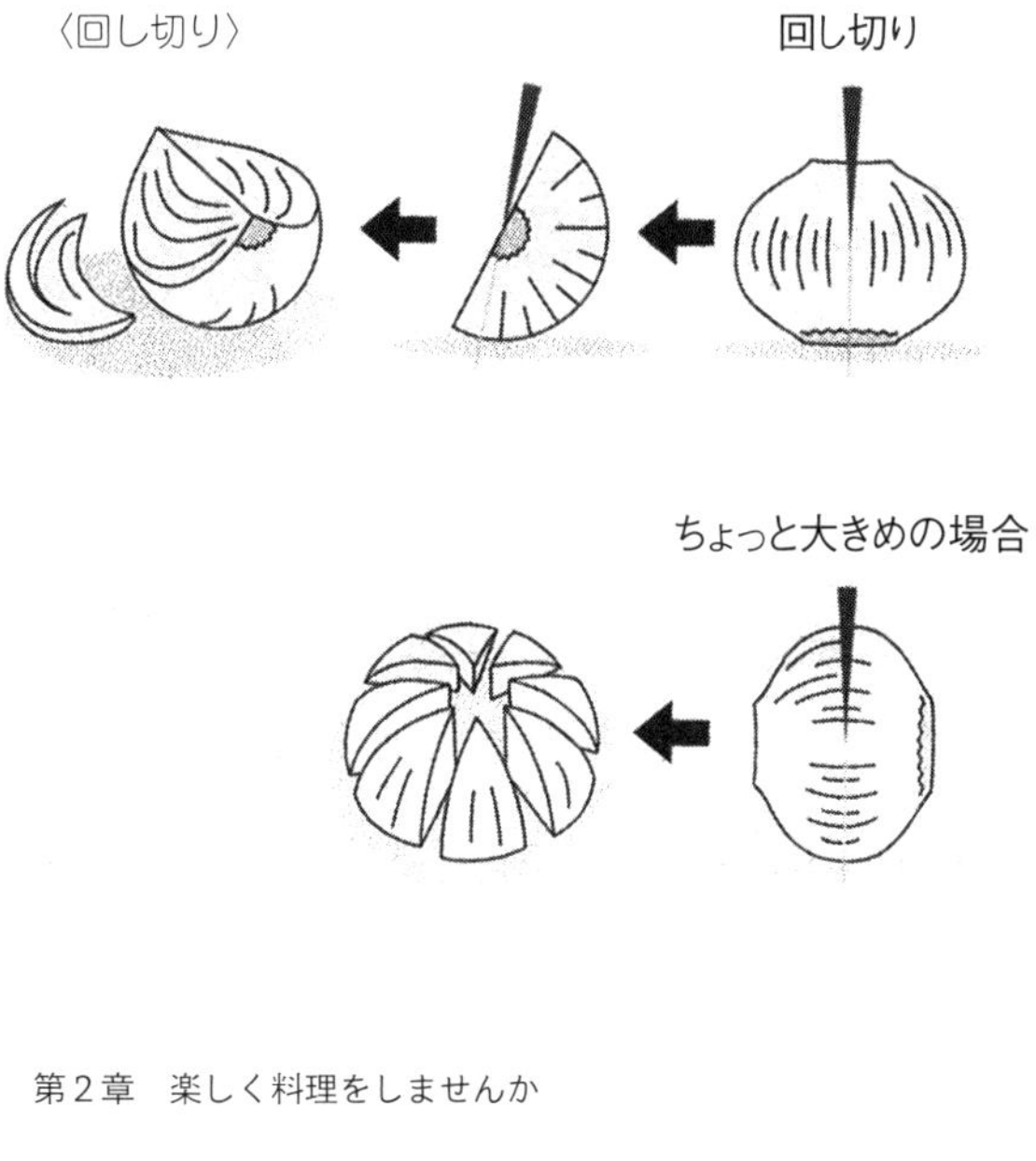

り、皮膚を丈夫にするといわれています。玉ねぎの芯もそこが生長点でエネルギーが詰まっているので取りません。

それぞれ2、3ミリぐらいに千切りしたものを、一番下に塩少々、次にしいたけ、その上に玉ねぎ、にんじん、そしてまた一番上に塩を少々入れます。塩は味を付けるためではないのでほんの少しでいいです。しいたけは放射能の懸念がありますので、心配な方は省いてください。その時は水を少し入れます。底から5ミリぐらいが目安でしょうか。

野菜を切って、層になるように入れたら、おいしくなあれと愛を込めて蓋をして火にかけます。

火加減は、ごく弱火です。もし蓋に穴が開いていたら（土鍋などには穴が開いているので）それを箸などでふさいでください。ちょ

〈基本の重ね煮〉

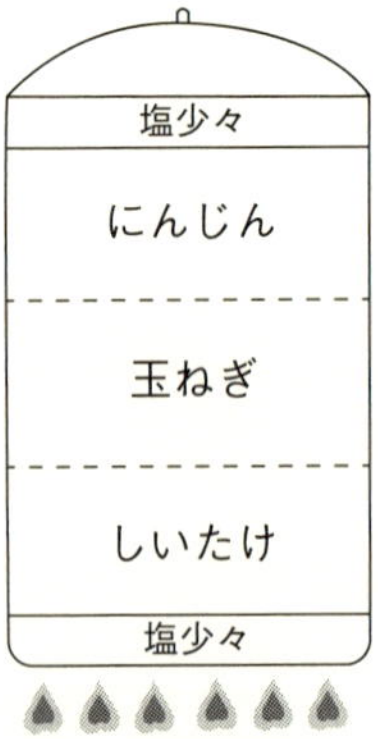

※ふたの穴はふさぐ
※火加減はごく弱火
※時間はにおいが教えてくれる
※上・下少量の塩は忘れずに

うどいい箸の大きさがなかったら、小麦粉を固めに溶いたもので蓋をすれば大丈夫です。

鍋は、できればズンドウの底厚のものがいいです。ある時、土鍋と金属の鍋とで味比べをしたら、土鍋で重ね煮を作った方が甘みが増していました。それ以来わたしは、金属ではなく土鍋で重ね煮を作っています。できれば土鍋で作るのが一番いいと話しています。

よく分量を聞かれますが、鍋に入りきる量で、それぞれが層になれば大丈夫です。水も入れず蒸し煮をするのでできるだけ鍋一杯に入れたほうがいいでしょう。

また、「火にかける時間は何分ですか」もよく聞かれます。これも火加減や作る量で異なってきます。

最初は、玉ねぎの辛味のようなにおいがしますが、蓋を開けずにそのままにしておくと

土鍋一杯に入れてもこれだけ少なくなります

だんだんにおいが変わっていき、最後は甘い良いにおいが漂ってきます。まるで鍋から「おいしくできましたよ」と言われているようです。時々うっかりして焦げたにおいがしたときは（火加減が弱火のつもりでもまだ強い場合があります）、焦げているので火はすぐ消しましょう。

蓋を開けると量が減っていて、水も入れないのにかなり野菜から水分も出ています。これをかき混ぜて冷蔵庫に保存すれば３、４日はもちます。上手な人は小分けして１週間ぐらい保存しているようです。焦げた場合は、しいたけが下で焦げてくっついているので大

〈重ね煮の応用〉

他の食材で重ね煮を行なう場合
（きのこ類、こんにゃくなどを入れない時は焦げやすくなるので少量の水を最初から入れておきます）

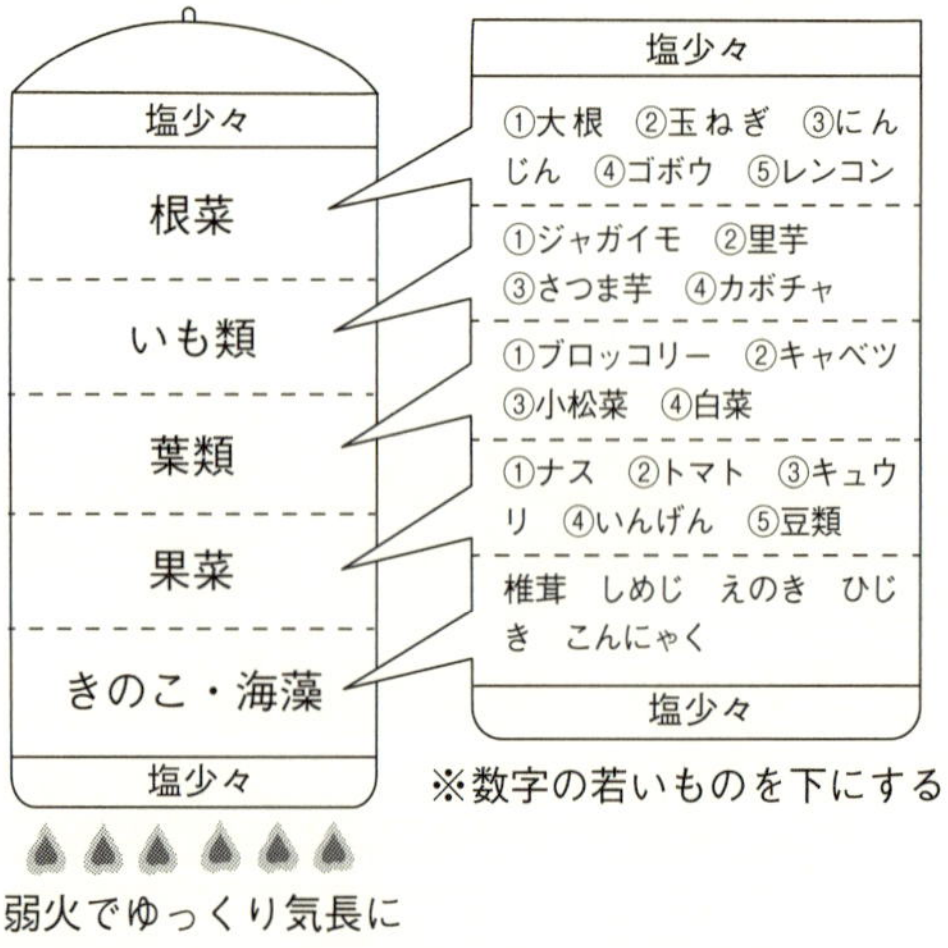

丈夫なところだけ取って使ってください。

このままでも食べることもできますし、離乳食でよく食べさせていたという人もいます。これを使っていろいろな料理に使うと便利なのです。

重ね煮のおいしさの秘密陰陽の考え方にあり

重ね煮は、野菜をある順番に重ね入れて蒸し煮する方法ですが、一番上は、根菜類で地面の下の方にぐっと伸びる力があるものです。一番下のきのこ類は別にして、次にくる果菜類は、上へ上へ伸びていく力が強く、わたしたちは地面の上の方にできるものを食べます。

つまり鍋全体を考えますと、下へ伸びるものの陽性のエネルギーと上に伸びるものの陰性のエネルギーが鍋の中でぶつかり合います。上と下に塩少々は、地球でいえば両極になります。暖流と寒流のぶつかったところの魚はおいしいといわれることが、鍋の中でおきているのです。これが陰と陽の考え方で、第4章でもう少し説明します。

実際に並べ方を無視するとあまりおいしくできあがりません。重ね煮は、しいたけ、玉ねぎ、にんじん以外にもいろいろできます。使う野菜を右の図のように重ねれば良く、切り方も回し切りだけにこだわる必要はありません。

4　基本の重ね煮を使って

切り干し大根と重ね煮
あっという間にできあがり

切り干し大根は、カルシウムが多く、ビタミンDが共に働いてカルシウムの吸収を助け体にとてもいい食材の一つです。でも水に戻す時間がかかると思うとついめんどうになり、お惣菜でもよく売っているのでそれで間に合わせてしまう人も多いかもしれません。

しかし基本の重ね煮を使えば五分でできてしまいます。切り干し大根や重ね煮の甘味が出ているから、砂糖を使わなくてもしょうゆだけで充分おいしくなります。


【材料】は、重ね煮、できるだけ天日干しの切り干し大根、ゴマ油、塩、しょうゆ。

作り方ですが、鍋は土鍋を使います。もちろん土鍋以外でもできますが、土鍋を使った方がおいしくなります。土鍋は、揚げもの以外なんでも使えます。ただしあまり空焚きをすると割れる場合もあります。

その土鍋にゴマ油をひき、さっと水にくぐらせただけの切り干し大根とほんの少し塩を入れて炒めます。これは塩味を付けるというより、少し塩を入れることで野菜の甘みを引き出すためです。ついでにくぐらせた残りの水も入れます。

このやり方を見せますと、みなさん「えっ」という顔をされます。多くの人が、切り干し大根はしっかり水につけてもどしてから使うものと思い込んでいるようです。

まだ固いのですが、ここでまず第一回目の味見です。「切り干しって甘いんですね」と言われます。切り干しは、食べる人によっておいしいと思う固さがまちまちですから、参加した方がちょうどいいと思う固さになるまで水を入れて煮ます。ここでも固さの確認で

土鍋で炒めものもできるのです

味見をします。

甘い切り干し大根にしたかったら重ね煮の煮汁をたくさん入れます。重ね煮の煮汁は、野菜の甘みがしっかりでていて、砂糖代わりになるくらい甘いのです。その甘さにびっくりされます。

最後は重ね煮を入れてまた味見。味見をしながら少しずつしょうゆを入れてちょうどいい味になったら出来上がりです。時間を見れば、作り始めて5分しかたっていません。重ね煮があればすぐにできてしまいます。

もっと甘くしたい場合は、煮切りじょうゆを使います。煮切りじょうゆは、みりんとしょうゆを半々に鍋に入れて沸騰する前に火を止めます。アルコールを飛ばすためで、沸騰させると風味が落ちます。蓋をせずそのままにして冷めたらビンなどに入れて常温で保存できます。別々に入れるよりもまろやかな味になります。

作った切り干し大根の煮物は、冷めるとまた味が変わるから面白いです。「冷めると甘みがより増しますね」と言われます。

この作り方はあくまでも基本です。自分の好みにするために、油揚げやゴマなどを加えてもいいでしょう。「ぜひわが家の切り干し大根の煮物にしてください」と言います。

ちょっと余分に作っておいて、ネギなどを加えてうどんの具にしたり、刻んで雑炊や混ぜご飯にしたりしてもいいです。

また切り干し大根そのものは、煮物だけでなく、そのままお味噌汁に入れてもいいだしが出ます。ただし切り干し大根の素材が悪いとおいしいだしは出ません。

切り干し大根は、あまったキムチのたれなど、漬物のたれに入れれば簡単に即席漬物になります。干してあるので生の大根のように水っぽくならず、ちょうど良いのです。

ひじきと重ね煮
味つけはいろいろ

ひじきはとてもミネラルが豊富です。でも、乾物のひじきを水で戻すとほんの少しでもすごい量に増えてしまい、一袋全部はなかなか使えきれません。台所の隅っこにいつまでも残っていることがないでしょうか。そこで、ひじきの煮物だけでなく一袋を使っていろいろな料理に使う方法をご紹介します。

【材料】は、重ね煮、乾物のひじき、ゴマ油、塩、味をつけたい調味料。

作り方ですが、切り干し大根と同じように、さっと水にくぐらせて、ゴマ油で軽く炒めます。その時、塩気のないひじきは、少し塩を入れて炒めますが、塩気の多いひじきの場合は、一度水につけて、その水を捨てて塩分調整をします。

前にいつもと同じつもりで作っていたら、塩気のかなり強いひじきだったらしく、せっかく味を付けたのに一度全部洗いなおしたことがあります。ひじきを水につけた時に、味見をして塩加減をみてみましょう。

さっと炒めたら、浸した水の残りを入れて味見をしてもらいます。「ひじきの味がしっかりしますね」と言われることが多いです。

まだ固いうちに少し取り出してそこにゆかりを入れて混ぜれば、簡単にしそゆかりができます。しそゆかりの代わりに鰹節の粉やゴマなど好きなものを入れれば、ひじきのいろいろなふりかけになります。

そんなものを一方で作りながら、水をさらに加え、重ね煮を入れます。自分のちょうどいい固さになるよう、味見をしながら調味料を入れます。

ひじきの煮物は、しょうゆやみりんで味付けをする人が多いと思いますが、それ以外でもいろいろな味付けが楽しめます。例えば、ポン酢で味付けるとさわやかなおいしさが楽しめます。ゴマ油と塩だとナムル風になります。ゴマ油としょうゆだと中華風。オリーブオイル、塩、ニンニクだとイタリアン。ひじきとレタスなどを混ぜればサラダにもなります。

余分に煮物を作って、次の日にまぜご飯やチャーハンの具にしてもいいですし、白和えの具にもなります。

使い道を考えると、ふりかけ、煮物、サラダ、まぜご飯の具など、ひじきは何通りもの具材になり、一袋を使い切ることができます。

ジャガイモと重ね煮料理の幅が広がる

ポテトサラダは皆さんが好きなものの一つかと思います。ポテトサラダというとハムやキュウリなどいろいろなものが入っていますが、ゆいの家のポテトサラダは、しいたけ、玉ねぎ、にんじんの重ね煮しか入れません。いいハムでもやはり添加物が入っています。入れずに作ると安心で安上がりです。

あるお母さんから、「うちの子は、家で作ったポテトサラダはちっとも食べないのに、これはよく食べていてびっくり」と言われたことがあります。2、3歳のその子は、しいたけ、玉ねぎ、にんじんしか入ってないのにおいしそうにたくさん食べてくれました。

【材料】は、重ね煮、ジャガイモ、塩、マヨネーズ。

作り方ですが、ジャガイモを茹でる方法はいろいろあります。皮をむいてある程度切ってから茹でる人もいるでしょう。電子レンジで加熱する人もいるでしょう。まるごと茹でる人は、鍋にいっぱい水を入れるといいます。

ゆいの家のやり方は、皮を付けたままジャガイモの高さの3分の1以下の水を入れて、重ね煮を作る時と同じように弱火で茹でます。

最初から弱火では時間がかかりますから、水が沸騰するまでは中火でも構いません。弱火にするとうんと時間がかかるように思われるかもしれませんが、蒸気が漏れないように蓋をすると、そんなに時間がかかりません。

弱火だから、すぐに水がなくなることもありませんので（もちろんなくなりそうなら水を足してください）、帰ってきたらすぐに鍋にジャガイモを入れて弱火で火にかけておけば、着替えたりしているうちにジャガイモのにおいがほんのり漂ってきます。素材のにおいがしてきたら、まだ固いかとは思いますがとりあえず火が通ってきたよと教えてくれています。

金属鍋より、やはり土鍋の方がおいしくなります。土鍋の穴は、同じように箸などで蓋をしましょう。料理教室ではいつもこの土鍋と金属の二つの味比べをしてもらいます。「本当だ。確かに違いますね。普段こんなにじっくり味を比べて食べたことがないので」と道具でその味が変わることに驚かれます。

茹でたジャガイモの皮をむき、塩を少し入れて味見、重ね煮を入れて味見、マヨネーズを混ぜて味見とその都度味見をします。毎回味が少しずつ変わってくるのが面白くなってくるようで、「次はどんな味になるのだろう」とわくわくした顔をされるようになります。

最後できあがりの味は、「優しい味になっていますね。しいたけ、玉ねぎ、にんじんだけしか入れてないのに信じられない」とみなさん言われます。あれこれいろいろなものを入れなくても十分おいしくなるのです。

ある方から、マヨネーズを入れる前のものを味見した時に、「これはコロッケの具にもなりますね」と教えてもらいました。確かにその通りで、以来「コロッケの具にもなりますよ」と紹介しています。

また、茹でたジャガイモとその半分ぐらいの片栗粉を混ぜてよく練ります。片栗粉の量もだいたい適当に入れればよく、たまに入れすぎて練ってもうまくまとまらないときは、「水を少し入れれば大丈夫ですよ」と言っています。

道具によってジャガイモの味も違ってきます

形を整えてフライパンでやや多めの油で焼くとモチモチポテト（芋もちという方もいます）になります。

モチモチポテトは、トマトケチャップをつけるのも好評ですが、しょうゆをつけて海苔で巻いても絶品になります。この時ソーセージのように細長くしておくと切りやすいですし、そのままラップにくるんでおくと、2～3日は冷蔵庫で持ちますし、ちょっと味は落ちますが、冷凍保存もできます。

さらに、ジャガイモと片栗粉を混ぜたものを茹でるとニョッキみたいになります。通常ニョッキは、ジャガイモと強力粉で作りますが、それよりもモチモチした感じで、トマトソースなど好きなソースに絡めて食べます。

このように、一つの料理のためにだけジャガイモを茹でるのではなく、多めに茹でてほかの料理にも使うと便利です。

あれば安心 何にでも使える重ね煮

このように、基本の重ね煮を作っておけばいろいろな料理に使えます。

卵と混ぜて野菜入りオムレツ。

重ね煮を味噌汁の中に入れればだしいらず。

重ね煮にネギや油揚げを足してうどんの具材にもなります。

ちょっと青味を足して、あんかけの具にも重ね煮は使えます。

トマトケチャップと混ぜればパスタソースにもなります。

他にもいろいろ使えてとても便利とそんな声をよく聞きます。

家に帰ったらまず野菜を切るという必要もなく、しいたけ、玉ねぎ、にんじんをまるごと全部使いますから、使いかけができません。

ある方は、「重ね煮が作ってあるかと思うと安心して家に帰れる」と言ってくれました。

重ね煮の応用
他にもいろいろできます

重ね煮は、いろいろな野菜でもできます。

夏は、太くなったキュウリやトマト、ナス、そして玉ねぎを使って重ね煮をします。

冬は、けんちん汁などの具を煮るときに使います。この時はやや大きめに具材を切るかと思います。しいたけなど水分の出そうなものが入らない場合は、底から3センチぐらい水を入れて重ね煮の基本同様弱火で煮ます。だいたい野菜のにおいがしてきたらとりあえず火が通ったことになりますので、水やだし汁をたっぷり入れて、あとは好きな硬さまで煮て好みの味付けをします。

ポテトサラダを作ったときのようにジャガイモを少ない水で蒸し煮するのは、まさに重ね煮の応用です。

カボチャも塩でまぶしてから皮を底にして5ミリぐらいのほんの少しの水を入れて弱火で煮ると、おいしい煮物ができます。カボチャは見た目とちがって水分をかなり含んでいて、ジャガイモの時より少ない水でかまいません。野菜によって加える水の量は違ってきます。慣れないうちは焦がすかもしれませんが、何回かするうちにその量がわかってきます。焦がさない程度の水を入れて重ね煮をしますと、野菜のうまみが出て本当においしくなります。

5 伝えていきたい自然料理

自然（じねん）料理は、どれもシンプルな味付けで簡単にできるものばかりです。ここでは、最小限の材料を使って作り方を説明しますので、いろどり等はあまり考えていません。青味など加えることによって見た目のおいしさも違ってきます。

またさらにこんな材料も加えてはと思うものがありましたらどんどん加えていってください。ここに書かれているものが完成品ではなく、これをもとに自分のオリジナル料理をぜひ作っていってください。

野草　大地の力を味わう
野草味噌、ペペロンチーノ、おひたし

子どもと散歩しますと、道端の草を楽しそうに子どもが摘んでいることってありませんか。摘んだ野草をままごと遊びに使ったりおもちゃにしたりといろいろ遊ぶことができます。でもせっかく摘んできたのに最後は結局捨てることになり、本当に食べられたらいいのにと子どものころに思っていました。

若杉友子さんに出会って、わたしもヨモギやつくしぐらいは食べられるのは知っていましたが、他の野草もいろいろ食べられることを知りました。出会いは、『野草の力をいただいて』という一冊の本からでした。若杉さんの料理教室に出たくて京都の綾部に行ったり、話を聞きたくて滋賀県にも行きました。そのうちにご縁ができて、ゆいの家の講演会や料理教室でもお呼びしたことが何度かあります。こんなにすごいことはほかの人にも伝えたいと思い、ゆいの家の春の料理教室はいつも野草料理です。

実際食べられる野草はたくさんあります。タンポポ、ヨモギ、フキノトウ、カラスノエンドウ、オオバコ、ハルジョン、つくし、はこべ、アカザ、つゆ草、などなどで人間が種をまかなくても毎年勝手に生えてきます。抜いても抜いても生えてくるその生命力にはすばらしいものがあります。

若杉さんの本には実際の野草料理の作り方がたくさんでています。その中で特におすすめのものを紹介します。

野草の種類は何でもいいのですが、3種類ぐらいの食べられる野草を摘んできて、それぞれみじん切りにします。

みじん切りしたものを、ゴマ油を引いたフライパンで、火の通りの悪そうなものから炒めます。その時にほんの少し塩を入れます。

火が通ったら、次の野草を加えて炒め、ま

気にもとめていない雑草が食べられます

た次のものを入れて炒めていきます。

全体的にしんなりしたら，味噌を2種類以上入れてまとめます。味噌を2種類入れるのは、より味の幅を広げるためで、もし1種類しかなかったらそれでもいいです。

ご飯にちょっとのせて食べるとすごくおいしくて、野草のパワーを感じます。

ペペロンチーノを作る要領で、タンポポも料理できます。

【材料】は、タンポポ、ニンニク、オリーブオイル、塩、お好みで鷹の爪、パスタ。

黙って食卓にだすとまずタンポポとはわからず、ほろ苦さがまたおいしいのです。

タンポポは主に葉を使いますが、花は天ぷらにもできます。根は炒ってタンポポコーヒーといわれるお茶にもできます。

ちょっとした荒地には必ず生えているアカザも食べられます。実物を見れば「なんだ、どこにでもあるよ」というものです。味は、ほうれん草のようで癖がないです。だいたい4月ごろから出てきて、葉を茹でて食べるだけ。味付けはいろいろできます。

野草は、大きくなるとアクがでて虫もついてくるので、できるだけ早い時期がおいしいです。

キュウリ　生以外でも大活躍
ラタトゥイユ、カレー、炒め物、煮物

都会だと考えられないかもしれませんが、地方で実家が農家だったりしますと、いつもどっさり野菜がもらえます。道を散歩していてももらえることもあります。実際、義母は元気なとき、畑仕事をしながら散歩で歩く人たちに野菜をいつもあげていました。とてもありがたいのですが、食べきれないほどもらえることがあります。

また家庭菜園をしている人はわかると思いますが、夏のキュウリは、ちょっと採り忘れると手首ぐらいに太くなります。そんな太いキュウリはいりませんとは言えず、サラダにするには太くなりすぎて、薄切りにして塩もみで食べるぐらいで、結局使いきれずに捨ててしまうという声も聞きます。

「キュウリはどんな風に食べますか」と聞くと、サラダや漬物にして食べるものと思っている方が多いようです。「でもキュウリは、炒めてもいいし、煮てもいいですよ」といって実際に食べてもらうと「わあ、本当だ」と言われます。味付けさえ変えれば何にでも使えます。

ゆいの家ではこの太くなったキュウリは大歓迎なのです。重ね煮を使って、底に塩少々

を入れて一番下にナス、次にトマト、その次に太くなったキュウリ、そして一番上に玉ねぎを入れ、最後にまた塩少々を振りかけて重ね煮をします。そうするとおいしいラタトゥイユができます。

さらにラタトゥイユをミキサーで細かくすれば、夏野菜スープにもなります。そこにコショウやオリーブオイルを入れてもいいと思います。

さらにできたラタトゥイユにカレー粉を入れれば、これこそ夏野菜の水分だけでつくる本物の夏野菜カレーができます。肉など何も入っていなくても、みなさんおいしいといって食べてくれます。

カレー粉も野菜カレーのもとを使うと、鍋など変な油でギトギトせずに洗い物が楽です。このカレーを作ると市販のカレー粉にどれだけの動物性の油が入っているかよくわかります。このように、同じものからでもちょっと工夫すれば二つも三つも料理ができていきます。

夏野菜だけのカレーは、土鍋で作ると一層おいしくなります

キュウリの炒め物は、千切り、乱切りなど切り方、炒める時間で食感が変わってきます。ごま油に塩を振りかけて炒めますが、最後にナンプラーを少しかけます。時にはイカなどを入れて炒めるのもいいでしょう。また炒めるときの油をオリーブオイルにしてニンニクを入れて炒めるとまた味が変わってきます。

煮物にする時は、色がきれいになるようによく白だしで煮ます。そこにちょっと生姜の千切りやクコの実を入れてもいいでしょう。あついままでもいいのですが、冷やすと汁にほんのりキュウリの味がしておいしいです。また汁に片栗粉を混ぜてとろみをつけてもいいかもしれません。むきえびなんかを入れれば、色合いもきれいになります。

八宝菜の具材の一つとしてキュウリを入れてもいいでしょう。中国料理では、よくキュウリも炒めて食べると聞きます。

トマト　たくさんあるからできる便利なトマトソース

スーパーではいろいろなトマトが一年中出ています。色や形が本当に様々です。中には糖度の高いトマトもあり、びっくりするような値段で売られていることもあります。でもそういったトマトは、だいたいハウス栽培です。トマトの旬はやっぱり夏です。夏はトマトが箱売りで安く売っています。でも、おいしそうだけどそのまま全部は使いきれないしと思っている方はいませんか。

トマトはサラダだけでなく、いろいろな料理に使うことができます。ゆいの家では大量にある時は、トマトソースにしておくことをおすすめしています。大量にあってもソースにするとぐっと量が減ってしまいます。

濃厚なソースの作り方。

【材料】は、トマト、玉ねぎ、オリーブオイル、ニンニク、塩。

重ね煮の考え方を使います。土鍋の底に塩を少々ふって、トマトを皮ごとざっくり切って入れます。次に玉ねぎ、最後にニンニクの薄切り、そして塩少々。さらにオリーブオイルをかけて、蓋をして弱火で蒸し煮します。もちろん蓋の穴は箸などでふさぎます。しばらくするとトマトのいい香りがします。あとは塩などで味を調え、お好みでバジルやオレガノを入れます。ミキサーにかければまたちがった食感になります。

この一番上に、ニンニク、オリーブオイルをかけての重ね煮の作り方は、トマトだけでなく、ブロッコリー、セロリ、ジャガイモなどでもできます。トマトのように水分の出ないものは、その野菜に合わせて水を入れます。そのまま食べてもよし、ミキサーにかけてもよしで、とろみも好きな感じにすればいいです。

さっぱりしたソースの作り方。

【材料】は、トマト、生姜、塩、味噌、ゴマ油。

トマトをざく切りにしてフライパンで炒めます。油はごま油を使います。塩を入れて生姜のみじん切りも少し入れます。ちょっぴり隠し味に味噌も入れます。

トマトは夏野菜で体を冷やすと言われますので、フライパンでしっかり熱を加えて炒め、さらに生姜や味噌を入れることで、少しでも体を冷やす働きを抑えます。最初のトマトソースに比べるとさっぱりした感じに仕上がります。

どちらも、うすく作ればスープのようになりますし、煮詰めればパスタのソースにもなります。カレーのようにご飯にかけて食べてもおいしいです。パンのジャム代わりにつけてもいいです。よく煮詰めればトマトケ

ミニトマトで作ったソース。ペーストにしてもいいです

チャップのようにもなり、冷蔵庫に入れればしばらく大丈夫ですし、冷凍しておけばいつまでももちます。使い方は本当に工夫次第です。もう市販のトマトソースは食べられなくなります。

ナス　体を冷やす夏向けの野菜
こんねり、丸煮、素揚げに

夏の野菜としてナスもよく使います。ただしナスは体を冷やすもので、秋ナスは特に冷え性の人はあまり食べない方がいいようで、夏でもしっかり過熱して食べた方がいいです。

ナスのこんねりの【材料】は、ナス、しょうゆ、小麦粉、ゴマ油。

これは、冷えのことについて教えてもらった若杉友子さんのナスのおすすめ料理です。

ナスを5ミリぐらいの千切りにして熱々にしたフライパンにごま油を入れてよく炒めます。このとき、こちょこちょとかき混ぜないほうがいいと若杉さんは言っていました。

そこに、しょうゆをざっと入れてなじんだら、片栗粉ではなく小麦粉を水で溶いたものを入れてとろみが出たらそれでおしまいです。

多めにしょうゆを入れても案外大丈夫です。ちょうどナスのもんじゃ焼きといった感じになり、しょうゆだけでもナスの甘みを感じます。

ナスの丸煮の【材料】は、ナス、だしじょうゆ。

ナスを丸ごと皮をむき、だし汁で煮るだけ。冷やして食べてもおいしいです。特に白だしを使うときれいです。生姜の千切りをちょっと添えてもいいです。これですとナスが丸ごと食べられるので、ナスがたくさん手に入ったときはいいです。

ナスの素揚げの【材料】は、ナスと揚げ油に、めんつゆと大根おろし、薬味です。

ナスを素揚げしたものをめんつゆにつけるだけ。

薬味に、玉ねぎのみじん切りや大葉、みょうが、生姜、大根おろしを入れます。これらを入れるとさっぱりした感じで、さらにおいしくなります。

すぐに食べてもいいし、少し漬け込んで食べてもいいです。

ジャガイモ　千切りで使いやすくサラダ、おやき、磯辺揚げ

ジャガイモはいろいろな料理に使えてとても便利です。

サラダでは、1~2ミリぐらいの千切りにしたジャガイモをまず水にさらします。さらしたものを、シャキシャキ感が残るようさっと茹でます。さらに水でぬめりを取って、好きな味でサラダ感覚で食べます。

おやきの作り方は、ジャガイモの千切りおせんべいのようにフライパンに油をひいて焼きます。ジャガイモのでんぷん質が焼くことでくっついていきます。

この時は千切りのジャガイモを水でさらすとくっつかなくなるので注意してください。

味付けは、塩でもトマトケチャップでも、お好みのもので。

ジャガイモの磯辺揚げの【材料】は、ジャガイモ、板のり、揚げ油、しょうゆ、みりんです。

まず、すりおろしたジャガイモの水分を少ししぼります。

それを海苔に5ミリほど塗って揚げます。

揚げたジャガイモをしょうゆとみりんを煮詰めたタレにつけます。味は、まるでかば焼きのようで、ご飯にのせて食べてもおいしいです。

カボチャ　土鍋でおいしくなる煮物、あずきカボチャ、つけもの

土鍋に5ミリぐらいのほんの少しの水を入れて、カボチャに塩を少しまぶして重ね煮の要領でしっかり蓋をし、弱火で蒸し煮すれば簡単においしいカボチャの煮物ができます。

そのまま煮物として食べてもいいし、カボチャサラダにもできます。あまりホクホクしな

いカボチャの場合は、ペーストにしてスープにしたり、ジャムとしてパンにぬってもおいしく食べられます。

いつも子育て支援で料理教室をしている保育園の保育士さんは、主婦歴30年。「カボチャの煮物に何度も挑戦するのだけどいつもおいしくできない」と言っていました。

だしをとって煮たり、砂糖やみりんを加えたりとあれこれ工夫をして作ってみるけど、やっぱりうまくできなくて、「苦労して作ってもいつも残ってしまう」とか。

その方にカボチャを食べてもらったら味にびっくりされていました。早速家に帰って作ったそうですが、「まるで嘘みたい。今までのわたしの苦労は何だったのと思うぐらい、家族も残さずみんな食べてくれた」と話してくれました。

いい塩だけの味付けは、カボチャの甘さをひきたたせます

それ以来、土鍋といい塩に目覚めたそうで、保育園でわたしがした料理をいつも家で作っているそうです。そうしていたら、だんだん外食をすることが減ってきたそうで、「いい調味料を使うと本当にあれこれ入れなくてもおいしくて、逆にお金がかからなくなりました」といっていました。

あずきカボチャは、塩あずきを煮て、そこにカボチャを入れて煮ると出来上がりです。あずき、塩、カボチャしか入っていないのに、とても甘みが感じられ、糖尿病にもいいとされています。糖尿病になった人はこれが甘く感じないそうで、甘く感じられるようになったら良くなってきていると聞きました。

また、カボチャは漬けものにもできます。

自分で畑でカボチャを作る人しかできないのですが、小さい未熟なカボチャができていたら、それをぬか漬けなどつけものにするとおいしいです。切ると皮の緑色と中の黄色がいい感じで、種まで食べられます。

とうもろこし　芯やひげ根もうまみに まぜご飯、炒め物に

とうもろこしご飯の作り方です。【材料】は、米2合、とうもろこし1本、塩。

米をといで、ふつうの水加減にします。

そこにとうもろこしの実を包丁でこそげて入れ、とうもろこしの芯、ひげ根、塩少々を入れて炊くだけ。

芯やひげ根を入れるとうま味がまします。

とうもろこしは、まるごと茹でるか、蒸す、焼くなどして食べることが多いと思いますが、とうもろこしご飯と同じように、実を包丁でこそげて何かと一緒に炒めるとおいしいです。スープに入れてもいいです。

枝豆　ずんだご飯に
冬瓜　なんにでもあわせられる淡泊さ

枝豆のずんだご飯の【材料】は、枝豆、塩、もち米です。

枝豆は茹でて食べることが多いのですが、茹でた

とうもろこしの芯もひげ根も一緒に炊きます

枝豆の薄皮をむいてつぶします。つぶし加減はお好みですが、そこに塩を入れて味を付けます。さらに水を加えてとろろ汁のような感じに伸ばします。

それを炊いたもち米にかけて食べます。

ずんだもちのようですが、ほんのり甘さのあるもち米と甘くない塩味のきいた枝豆のずんだの味がいい感じで、いくらでも食べられます。

この食べ方を教えてくれた先輩の方は、「これは母から教えてもらった食べ方なの。子どものころ、母の手伝いでよくすり鉢で枝豆をつぶしていたわ。めんどうでもすり鉢でやらないとおいしくないのよね」と言いながら私に教えてくれました。

冬瓜《とうがん》は、どうやって食べたらいいのという人が多いようです。昔の冬瓜はすごく大きなものでしたが、最近は品種改良されて、売られているのは小さいものが多くなりました。それでも大きく感じます。

冬瓜をうすく切ってしいたけと一緒に煮てしょうゆ味にして片くり粉でちょっとトロミをつける冬瓜汁が、母の定番の料理の仕方でなつかしい味です。

わたしは、汁物に入れるだけでなく、大きめに切って煮物にしたりします。

蒸して刺身のようにして食べるのもおいしいです。また、蒸したものをゴマ油としょうゆのたれや白だしのたれに漬け込んで、１日ぐらい置いて味がよくしみ込んだ時に食べてもおいしいです。冬瓜そのものにあまり味がないので逆にどんな味にも合います。

大根　葉も大活躍
おひたし、煮びたし、ふりかけ、菜飯、ペペロンチーノ

冬は、大根が本当においしい季節です。でも料理の方法が汁ものや煮物、あるいはおでんに入れることが多く、ワンパターンになりやすいという声を聞きます。

また、大根一本を買ってもなかなか使いきれないと言います。スーパーでも半分に切った大根も多く売られるようになり、夏はわたしもよく半分の大根を買ってきます。それに葉の使い道にも困る人が多いのか、葉を最初から切って売っているものが多いです。

大根の葉はとても栄養があると言われているので、もったいないことです。

わたしは、大根の葉を茹でて細かく刻んでおひたしにします。

この時、海苔と混ぜてもおいしいです。

大根の葉の煮びたしで油揚げなども一緒に入れるとコクが出ます。

葉はふりかけにもできます。さっと茹でた大根の葉を塩を入れながらよく炒め、かなり水分がなくなったら、ゴマ、焼いた鮭の身をほぐしたものを入れたりしてふりかけにします。

また、さっと茹でた大根の葉に多めの塩をまぶして何日か置き、それをみじん切りにし

て余分な水分を絞ってご飯に混ぜれば、菜飯になります。塩を多めにまぶしてあるので結構もちます。

葉を水洗いして干しておけば、乾物としても使えます。この干した大根の葉でペペロンチーノを作るとおいしいです。生葉とはまた違った味わいとなります。作り方は、ペペロンチーノを作るようにオリーブオイルにニンニク唐辛子を炒め、さっと水に戻した大根の葉を入れて炒めます。

その後ちょうどいい固さになるまで水を入れて柔らかくし、塩などで味をまとめます。隠し味としてゆずの皮をみじん切りしたものを入れると、また味に変化が出てさらにおいしくなります。このように葉だけでもいろいろ使えます。

大根　煮ものだけじゃない フライ、ステーキ、炒め物、カレー

おでんに入れるように大きめに大根を切って煮て（蒸してもいいです）、やや硬めの時に取り出して、少ししょうゆを振りかけて下味をつけます。それを小麦粉を溶いたものにつけてパン粉をつけて揚げれば、大根フライになります。パン粉に黒ゴマを入れ、ひと手間かけて揚げるとまたゴマのいい香りがしてきます。

2センチぐらいの輪切りにした大根はお好みの固さに下茹でし、フライパンで強火で焼いてしょうゆとみりんと好みで酒をかければ、大根ステーキの出来上がりです。片面を細かく切り目を入れておくと、きれいに焦げ目がついて一層おいしそうに見えます。冷めてもおいしいので弁当のおかずにもなります。

大根のフライや大根のステーキは、おでんを作る時に一緒に煮ておいて、都合のいい固さの時に取り出しておくととても便利です。

大根を千切りにしてゴマ油で炒め物にしてもあいます。塩味にしてもいいし、そこにナンプラーを入れてもあいます。またゆずのしぼったものをかけてもいいですし、しょうゆもおいしいです。さらに、にんじんとゴボウの千切りをそれぞれ炒めたものを混ぜ合わせてもおいしく、炒めなますと言われています。

素揚げした大根をカレーに入れても結構いけます。この時、ゴボウやレンコンも素揚げして、ジャガイモの代わりに里芋を使ってもよく、ゆいの家では根菜カレーと言っています。

このように大根も工夫次第で色々な料理が楽しめます。

ゴボウ　香りを楽しむ汁もの、梅煮、素揚げ

ゴボウは入れるだけでも香りがよく、いろいろな料理に使えます。

ゴボウ汁の作り方はとてもかんたんです。まず、ゴボウの皮を取らずにたわしで泥だけ落とします。それをすりおろします。色がすぐ黒くなりますが平気です。

それを味噌を溶いてすぐのアツアツのお味噌汁の中に入れて、すぐ火を消します。お味噌汁にだしは必要なく、味噌だけでいいです。すりおろしたゴボウからだしが出ていい香りになります。

すぐ飲むと繊維質がちょっと気になるかもしれませんが、5分ぐらいおくと熱で気にならなくなります。「ゴボウを入れてグラグラ煮てしまうとゴボウの酵素がなくなってしまうよ」とこの料理を教えてくれた方が言っていました。

簡単で、ゴボウの繊維質も摂れますが、何といってもその香りの良さにみなさん「おいしい」と言われます。

ゴボウの梅煮の【材料】は、ゴボウ、梅酢または梅干し、しょうゆ、ゴマ油です。

まず、ゴボウをぶつ切りにして、さっとゴマ油で炒めます。そこに水を入れて、梅干し

または梅酢を入れてコトコト煮ます。ゴボウが柔らかくなったら、しょうゆを少し入れて味をととのえます。梅の酸っぱさとゴボウのおいしさがよく合います。薄くスライスして干すとゴボウチップができます。梅酢が入っているので少し日持ちがします。

ゴボウの素揚げは、適当に切ったゴボウに少ししょうゆをふり、20分ぐらい置いたら、片栗粉をまぶして揚げます。切り方によって食感が違ってきます。

レンコン　喉にやさしい食材
すりおろし、レンコンバーグ、蒸しレンコン

レンコンは、喉にとてもいいといわれています。特に節のところがいいようで、そのままでは固いのですりおろして、少しなので何かに入れてしまえば大丈夫です。

レンコンそのものに粘り気があるので、すりおろして汁ものに入れるととろみ代わりにもなります。

レンコンバーグは、鬼おろしを使って荒くすりおろします。塩とつなぎの小麦粉を少し入れてフライパンで焼くと簡単にレンコンバーグができます。塩だけの味でもレンコンの甘みを感じてとてもおいしいです。

レンコンを3ミリぐらいの薄切りにして蒸します。蒸したものを梅酢につけたり、白だ

しにつけたり、しょうゆにつけたり、カレー粉につけたりしていろいろな味が楽しめます。特に梅酢につけると赤くなってとてもきれいです。レンコンは先の方にいくほどシャキシャキしています。

6 便利な乾物料理

乾物は、いつも買い置きができるのでとても便利だと思うのですが、水に戻す時間がかかるとか、一度に全部使い切れないので……と言われます。ちょっと使い方のコツをつかむとこんな便利なものはないと思います。特に天日干ししたものは、太陽のエネルギーをいっぱいもらっています。

高野豆腐　油を使って
おつまみ、エビチリ風、揚げ出し、フライ

いいおだしで煮た高野豆腐はおいしいのですが、まるでスポンジを食べているみたいという人がいます。実はわたしもそう思っている一人でした。

栄養的にも優れているので、もう少し何とかならないかなあとずっと思っていました。そこで考え付いたのが、高野豆腐をさいころ状に切って、水気を絞って片栗粉をつけて素揚げにして使うことです。

揚げたてに塩コショウをふって食べれば、おつまみになります。カレーパウダーをふってもおいしいです。カリッとしていくらでも食べられます。

エビチリソースを作って、エビのかわりに素揚げの高野豆腐を入れてもおいしいです。簡単エビチリソースは、玉ねぎを少しの塩を入れて煮て、そこに、トマトケチャップ、スイートチリソースを入れて味をととのえます。ここに少し生姜やニンニクのみじん切りを入れてもいいです。素揚げの時はカリッとしていたものが、汁の中に入れることによってプルプルしてまた違う食感になっておいしいのです。

八宝菜などの具の一つにしてもいいですし、お吸い物の中に少し入れてもいいです。

大きめに切った高野豆腐に片栗粉をつけて素揚げしたものは、揚げ出し豆腐の代わりになります。普通の豆腐とちがって、水を切る手間も省けますし、煮くずれることもありません。

高野豆腐のフライは、水でもどして、下味をしょうゆなどでつけます。それを水でといた小麦粉とパン粉をつけて揚げます。梅のペーストなどをつけて挟んでフライにしてもいいです。また切り方、大きさで食感もちがってきます。

煮物をするときも高野豆腐をサッと油炒めにしてから使うとコクがでます。

トーフミール　とても便利
白和え、茶碗蒸し、プリン

トーフミールというものをあまりご存じない方も多いと思いますが、わたしも長野での料理教室に参加したときに初めて知りました。そこでそれをいろいろ使って料理していたので「これは何ですか」と聞いたら「トーフミールですよ」と教えてもらいました。初めて聞く名前なのでどこで買えるのか聞いたら、長野市内のスーパーだと教えてもらったので帰りに買ってきました。

高野豆腐を作っているメーカーが、少し角などが欠けている高野豆腐をそのままでは売れないので粉にしたのだと思います。これを使うと、沸騰したお湯に粉を入れると30秒で出来上がります。

トーフミールの基本の使い方は、だし汁（または水）1カップを沸とうさせ（必ず沸とうした時に入れてください）50グラムのトーフミールを入れます。この時一度ワーッと膨張しますので大きめの鍋で作った方がいいです。最初そのことを知らなかったわたしは、吹きこぼしてしまいました。

できたものを型に入れるとそのまま固まります。ラップでくるんで縛っておくとやはり固まりますので、そこに基本の重ね煮などで作ったあんをかけたりするとちょっと手が込んでいるように見えます。

油揚げに入れて口をつまようじなどで縛って煮ると、滑らかな豆腐のようになります。

何も味をつけずに作っておくと白和えの豆腐代わりになります。

基本の分量に対し1・5倍のだし汁に入れるととても柔らかくなり、まるで茶碗蒸しのようです。なかなか一個の茶わん蒸しは作りにくいのですが、トーフミールを使うと簡単にできます。

だし汁でなく1・5倍の水を入れて茶碗蒸しのように作って甘いシロップをかけるとプリンみたいになります。

トーフミールは乾物ですから、好きな量を作る

トーフミールは、熱湯に入れてかき混ぜるだけですぐできます

ことができてとても便利です。水の分量も硬さもいろいろ変えることができます。工夫次第で本当にいろいろ使える食材です。

車麩は肉がわりにステーキ、フライ

車麩は、グルテンがたくさん入っていて、たんぱく質も含まれています。そのまま煮物に使うことが多いかと思います。ただそのまま煮るのもいいのですが、水に戻したものを一度素揚げにして煮物にすると、とてもコクが出ておいしくなります。

車麩のステーキは、煮物にした車麩をフライパンでごま油をひいて両面焼きます。煮物とはまた違う味わいになります。特に切らずに丸のまま焼くと豪華に見えます。

水で戻した車麩をしょうゆで少し下味をつけ、水で溶いた小麦粉とパン粉をつけてフライにします。あっさりしたお肉のようです。特に全粒粉で作られた車麩で作ると、さらにおいしくなります。

炒り豆　出番は節分だけではありません
汁物、ポークビーンズ風、ひじき煮、福茶

炒り豆といえば、節分の豆まきを思い出す人が多いと思います。よく歳の数を食べるといいと言われますが、だんだん歳を重ねるととても歳の数なんて大変です。また残りの豆はどうされているでしょうか。そのまま食べてもおいしいですが、一度にそんなには食べられるものではありません。

でもこの豆が優れもので、すでに炒ってありますからお湯に入れるとすぐにやわらかくなります。

けんちん汁などにそのまま入れても、いいだしが出ておいしいです。

トマトソースに煮込んでも、おいしく簡単にポークビーンズみたいになります。煮込む時間でコリコリした感じから柔らかい感じまで自由自在にできます。

ひじきの煮物などを作ったとき、煮汁がちょっと多い時は、炒り豆をいれると豆が煮汁を吸ってくれます。そうすれば大豆入りのひじきの煮物になります。

炒り豆はお湯に入れるだけでお茶にもなって、義母は福茶と言っていつも節分の時に作ってくれました。

7 砂糖を使わないおやつ

甘くないのもおやつ
ドライフルーツ、果物を上手に

おやつというと甘いものと思うのは、大人の発想です。小さい子どもは甘くなくても本当においしいものは食べます。

保育園の子育て支援の料理教室で、1歳前後の親子にいつも塩あずきを食べてもらっています。お母さんは、塩あずきだから甘くないと思って食べますが、「思っていたよりもおいしいですね」といって食べてくれます。

では子どもたちはというと、おいしそうにパクパク食べるのです。ある時3歳ぐらいのお子さんを連れてきた人がいました。その子は前にあずきを食べたことがあるのでしょう。一口食べて吐き出していました。自分の知っている味とちがったからだと思います。

甘いものを教えるのは大人の方です。ですから、「子どものためにと甘いジュースやお菓子、スナック菓子を家に買い置きする必要はありません。飲み物も水かお茶で十分ですよ」と言っています。そのうちに子ども同士で、あるいは誰かにもらったりしながら、自然に甘いものを覚えてしまうものです。だからわざわざ家で教える必要はないのです。お母さんたちには、「できるだけ砂糖の甘さを教えないようにしましょう」とそんな話をいつもしています。

甘みも、砂糖を入れなければとれないということはないのです。ドライフルーツなどでも甘みがとれます。ナシを水を入れずに焦げ付かないようにゆっくり煮詰めると、だんだんナシから水分が出てきてそれがとても甘いのです。煮詰めれば煮詰めるほど甘くなります。そういったものを上手に使うと、精製された白砂糖を使わなくても甘みがとれるようになります。

玄米もおやつにおやきの作り方

玄米は体にいいと言われることが多くなり、炊飯器でも玄米を炊ける機種が多く見られるようになりました。しかし、実際に炊飯器で炊いてもあまりおいしくなという声も聞きます。ちょっと硬くて食べづらいようです。また「家族全員が食べず、わたしだけ食べます」という話もよく聞きます。

1合ぐらい炊くのではおいしく炊けません。多く炊いて残ってしまった時、玄米を使っていろいろなおやつにしてお子さんや家族みんなで食べたらいかがですか。

基本のおやきの作り方は、炊いた玄米に少しのお湯を入れて固おかゆを作り、小麦粉か米粉をつなぎにして混ぜ合わせて焼きます。

そこにいろいろなものを混ぜると味の変化を楽しむことができます。

わざわざ野菜などを切って入れる必要はなく、冷蔵庫の中の残り物で充分です。例えば切り干し大根やひじきのお惣菜を残りの汁ごと入れてもいいし、カレーの残りと混ぜてもいいし、塩気の強すぎる漬物を細かく刻んで入れてもいいです。ネギや大葉などを刻んでもいいです。何もなければ味噌だけでも素朴な味わいになります。

少し甘い方がいいようでしたら、ジャムやドライフルーツを入れてもいいでしょう。和風味にしたければ、あずきと抹茶でもよく合います。

こんな風に書いているとどんどん入れるものが浮かんできます。ゆいの家で作る時は、その時あるものをなんでも入れてしまいます。

固さの調整は、入れるものの水分を考えて最初の固おかゆを作ってください。でももし水を入れすぎてゆるくなっても大丈夫。つなぎの粉をたくさん入れればいいのですから。味の方が心配でしたら、ちょっと食べてみてください。元が玄米なので大丈夫です。

焼き方は、フライパンで焼いてもいいし、オーブンで焼いてもいいです。オーブンの温度は、２００℃で30分でしたら、柔らかめにできます。２５０℃で30分でしたら、固めにできます。

形も平たくおせんべいのようにしてもいいですし、スコーンのような形でもいいですし、細長くして子どもの手に持ちやすいようにしてもいいです。パウンドケーキの型に入れれば玄米ケーキにもなります。すいとんのように汁に入れても食べられます。

先日も桜エビで有名な静岡の由比が浜で桜エビのひげだけが一袋30円で買えたので、それを玄米に入れて薄く延ばして焼きました。みんな「エビせんべいと同じだね」といっておいしそうに食べてくれました。

玄米も、そのためにわざわざ炊く必要もなく、残った普通のご飯でも大丈夫です。

これを子どものおやつとして出かけるときに持っていけば、ご飯とお惣菜が一緒に食べられます。また会社でもおむすびをつまむのはちょっとはばかれますが、まるでクッキーのようなので、小腹がすいたときなど甘いお菓子よりずっといいかと思います。

小麦粉の味くらべ
粘土遊びのようにおやつ作り

スーパーに並んでいる小麦粉というとだいたい大手一社の輸入小麦粉ですが、群馬県では地粉というものがあります。わたしは愛知県出身なので最初義母がよく「これは地粉でうったうどんだから」と言っていた地粉の意味がよくわかりませんでした。群馬県は二毛作で小麦粉を作る農家が多いのです。また意識して小麦粉を探すようになりますと、いろいろなところで作られているのがわかります。

ゆいの家では、いつも地元の無農薬の小麦粉と市販の小麦粉を何も入れずに水で溶いて茹でたものの味比べをしてもらいます。市販の小麦粉は真っ白ですが、無農薬の小麦粉はちょっと色が黒いです。食べ比べてもらうとその味のちがいがすぐわかります。

子育て支援の時にもいつも味比べをしていますが、1歳前後の子に食べさせると、無農薬の小麦粉ですとおいしそうにパクパク食べて、もっと食べたいといった顔をします。次に市販のものを食べさせると、一口かんで口をもぐもぐさせずそのままなのです。見ても面白いぐらいにその表情が違います。大手のものは何も味がせず、無農薬のものは粉にほんのり甘みがあってそのままでも食べてもおいしいです。

その小麦粉を使って、粘土替わりにいろいろ練っておやつを作るととてもいいです。口に入れても安全ですし、できたものが食べられます。

子どもたちに練らせる場合は、始めは手にべたべたとつきやすいので、少し練って手につかなくなったら子どもたちに練ってもらいます。練ればねるほど滑らかになってとても気持ちよくなります。それを20分ぐらい置いてから使うとグーンと伸びるようになります。

それを平たく延ばして切ればうどん、ちぎって平たく延ばして汁に入れればつみっこになります。1センチぐらいに切ったサツマイモに塩を少しふって置いておき、練った小麦粉を薄く延ばして包み込み、15分ぐらい蒸すと川越名産のいも恋のような感じになります。

このように、小麦粉を練ればいろいろなおやつになります。

砂糖を使わなくても甘みがある リンゴのおやきと塩あずき

ちゃんとしたアップルパイは作るのに手間がかかりますが、鬼おろしを使うと簡単にリンゴのおやつができます。

鬼おろしでリンゴをすりおろします。皮は、農薬などが心配ならむいた方がいいでしょう。そこにほんの少し塩を入れて小麦粉か米粉の粉を入れて混ぜます。粉の量はちょうどまとまるぐらいの量でいいです。好みでシナモンを入れてもいいでしょう。

これをフライパンで焼くだけです。砂糖が入っていないのに甘味のあるやさしい味になります。簡単にできてとても満足する味です。

あずきは普通、砂糖をたくさん入れて作ることが多いのですが、塩だけで煮てもとてもおいしいです。

あずきを煮ながら水を足すたびに少しずつ塩を入れて味を見ていきます。一度に入れるのではなく、少しずつの方が甘みが出ます。これも土鍋で作った方がおいしいです。そんなに長い時間が取れないようでしたら、２日にわたって作ってもいいでしょう。

出来上がった塩あずきをそのまま食べてもとてもおいしいのですが、そこにリンゴやドライフルーツを入れてさらに煮ても、ほんのり甘みが出てきておいしいです。あずきカボチャにもできます。

8 料理の味付け

塩が大事
いい塩は素材のうまみを引きだす

減塩がいいと言われて久しいのですが、一

塩あずきを作れば、あずきカボチャも簡単です

向に病気は減りません。かつての専売公社の塩のようなほとんどミネラルが含有されていない塩はとらない方がいいと思いますが、自然塩と呼ばれるミネラルをたくさん含む塩は、適量をとった方がいいとわたしは思います。

「砂糖水は絶縁体で電気を通しませんが、塩水は電気を通します。神経は電気ですから、砂糖ばかりとって減塩をすると体が砂糖水化して神経が通らなくなりますよ」とよく話しています。

塩も今は値段も産地もいろいろあり、どれを買ったらいいのか迷ってしまいます。反対に、塩はただしょっぱいだけでみんな同じだと思う人もいるかもしれませんが、使う塩で味が変わってきます。

まず塩だけでもいいものにした方がいいと思います。ゆいの家で使っている塩を使い始めた人は、「塩を変えただけで料理がおいしくなりますね」とみなさん言われます。ですから塩はとても大事なのです。

一般的に、動物性の料理には岩塩を使い、野菜には海水塩が合うと言われています。とはいえ、まずは使ってみて、自分のお気に入りの塩を見つけるのが一番です。ちなみにゆいの家のおすすめは、「マザーソルト」です。中国の福建省の海洋深層水を一年間じっくり天日干しした塩だと言われ、岡山の材料にこだわったおいしい味噌を作っている店も、ここで作られた塩を使っています。

味付けの基本は塩味
味噌、しょうゆ、油はいいものを

味付けがワンパターンになってしまうというのは多くの人の悩みかと思います。いろいろ味にバリエーションを持たせたいけど、何をどうしたらいいかわからないので、つい市販の素を使ってしまうかもしれません。最初はおいしいと思ってもだんだん食べていくとやっぱり飽きてくる味で、使いかけの調味料液がいくつもあることはないですか。

味付けの基本にあるのは、塩です。そして、塩味を塩そのものでとるのか、味噌、しょうゆ、白だしなど、どれからとるのかをまず決めて、後はトッピングするだけです。ですから、塩だけでなく、味噌、しょうゆ、油だけでもいいものにすると自然とおいしくなります。

例えばしょうゆとゴマ油を混ぜれば中華風、塩とゴマ油でナムル風、塩とオリーブオイルとニンニクを混ぜればイタリアン、味噌にすりゴマを入れてもいいしクルミを入れてもいいし、他に辛子、唐辛子を加えてもいいです。ゆずの皮や大葉、山椒、みょうがの刻んだものなどを入れると季節感もでます。とにかく味付けのバリエーションはいくらでもできます。

〈塩味とトッピング〉

味のバリエーションのつけ方
1つの素材に塩分とトッピングの組み合わせ方で、いろいろな味が楽しめます

塩味	トッピング
塩	油類（ゴマ油、オリーブオイル、菜種油）
しょうゆ	酸味（ゆず、すだち、レモン、梅酢、酢）
	ナッツ類（ごま、ピーナッツ、クルミ、エゴマ）
みそ	辛味（コチュジャン、ゆずこしょう、からし、とうがらし、スイートチリソース）
白だし	香り（ニンニク、しょうが、山椒）

※上記以外の素材からでもできます

ゆいの家でよく使う調味料です

味見を何回もする
おいしいと思う味があるはず

写真はおいしそうに映っているのに、レシピを見てその通りに作ってもおいしくなかったことはありませんか。それは使っている素材や調味料がちがうからです。

野菜だって産地によって味がちがいますし、自分の好みのちがいもあります。だから調味料を入れながら何度も味見をして、自分がちょうどいいと感じる味にすればいいと思います。それが家庭の味になっていきます。いつも必ず分量通りに入れることはないと思います。

ゆずのしぼり汁を入れてみる、ナンプラーを入れてみる、スイートチリソースを入れてみるなど、ほんのちょっと入れては味見をして、いろいろな味の変化を楽しむと面白いです。自信がなければ少し小分けしたところにまずは入れてみて味を確かめてみればよく、わたしもそうすることがあります。そうしているうちにだんだん味付けの勘がよくなり、自分のおいしいと思う味を見つけやすくなると思います。

味が濃くなっても煮汁が余っても使えます

料理がにがてな人は、適当に味付けをしておいしくなかったらどうしようとか、もし味が濃くなってしまったらどうしよう、せっかく作っても食べられなかったらどうしようとついつい心配になるので、計量スプーンなどに頼って書かれた分量で作るしかないと思うのかもしれません。

入れすぎた調味料は減らせません。でも水を入れればうすくなります。その話をしますと確かにといった顔をされます。料理のにがてな人は失敗した時の不安ばかりが先に立ちます。

煮汁が増えすぎたら絞ってとっておき、炊き込みご飯の味付けか何かに使えばいいのです。場合によったら、その煮汁に切り干し大根などを入れてもう一品できます。でもどうしても心配なら、少しずつ入れていき、そのつど味見をしながら調味料を入れていくのがいいと思います。

だから、できたものの味が濃くなってしまっても大丈夫です。味の濃くなってしまったお惣菜は、雑炊の具になります。細かくしてご飯にあえて混ぜご飯の具にもできるし、お味噌汁に入れても味わい深くなります。簡単にあんかけのたれにもできますし、具にもなります。パスタソースにもなります。豆腐の白和えのように、何かの和え物にすれば使い道がたくさんあります。

味が濃くなってもいろいろ工夫すれば何とかなります。失敗したと落ち込むことはありません。味が濃いものを無理に食べる必要はないし、捨てなくても大丈夫。ちゃんと食べられる方法があり、それを考えてみるのも料理の楽しみのひとつです。

だしは野菜で大丈夫
化学調味料はいりません

初心者向け料理教室は、だしの取り方から始まることが多いと思います。

ゆいの家では、昆布やしいたけ、かつお節、煮干しなどでだしを取ることはまずありません。

だしの取り方を最初に伝えると、料理がにがてな人にとっては、ますます料理が難しいものになると思うからです。

いざだしを取ってみても、取り出したかつお節や煮干し、昆布なんかはその後どうしようと困ってしまいます。それにせっかくだしを取ってもおいしくないことがあります。おいしいだしを取ろうと思ったらいいだしの素材を使わないと出ません。

だしの味比べ教室をあるスーパーでさせてもらったとき、煮干しで一番おいしいと言われる伊吹の新鮮なものを用意しました。

お子さんと一緒に参加していたお父さんに、だしを取った後の煮干しを「食べませんか」といったら、「いやいいですよ」と言われました。「いやおいしいので是非食べてみてください」とすすめてしぶしぶ食べてもらったのですが、一口食べて「おいしいですね。煮干しでもこんなに違うものですか」と言われました。

おそらく今まで食べた煮干しはおいしくない印象をもっていたのでしょう。伊吹の煮干しでとっただしは生臭くなく本当にいい味がするのです。だしをとった後の煮干しも、お子さんだけでなく大人の方もおいしそうにパクパクと食べていました。

普通、だしというと、昆布やしいたけ、かつお節、煮干しを思い浮かべられると思いますが、それだけではありません。野菜や切り干し大根などからもだしは出ます。よいしょうゆや味噌を使えばだしを入れなくても充分おいしくなります。調味料そのものにうま味があるからです。だから、昆布やしいたけ、かつお節、煮干しのだし以外にも十分野菜だけでもいいだしが出ることを伝えたくて、それらを使わずに料理を作っています。

また、自然なだしではなく、化学調味料でうまみを出した料理はすぐわかります。食べていて喉がいがらっぽくなったり渇いて水が欲しくなったりすることはありませんか。

ラーメンを食べるとのどが渇いて水を飲むことが多いかと思いますが、ちゃんと自然なものから取っただしで作ったラーメンの汁は、全部飲んでものどが渇きません。

重ね煮で作った野菜は、本当にその素材のうまみ、甘みが出てだしのようになります。その重ね煮の自然な甘みを使うと料理に砂糖はいらなくなり、慣れてくると逆に砂糖の甘さがくどく感じられるようになってきます。

そうめんのつゆもかんたん ゴマダレ、白だし、野菜をおろして

夏はやっぱりそうめん。でもいつもしょうゆ味のつゆではワンパターンで飽きてきます。それにカツオや昆布でだしをとるのも大変ですから、ついめんつゆを買ってきてしまうかもしれません。そのめんつゆも作られ方は様々です。もし使うとしても、その作られ方や品質表示をよく見て使った方がいいと思います。

今では、しょうゆ味以外のつゆがいろいろ売られるようになりました。しかし、全部使い切らずに残っていることはありませんか。市販のつゆはどこか飽きがくるものが多いのです。自然の素材から作ったものの味ではないからでしょう。ビンの裏に貼ってある品質表示を見ればわかります。わけのわからないものがいっぱい書いてあります。

つゆは、家でも簡単にいろいろできます。ゴマダレは、味噌とゴマペーストで作ることができます。さっと作れるように味噌とゴマペーストを練っておいて保存しておけばとても便利です。それをその都度水でのばせばよく、そこに玉ねぎのみじん切りを入れてもおいしくなります。さらにしそやみょうが、生姜、薄切りのキュウリを入れると冷や汁になります。

どろどろ状態で使えば、サラダのドレッシングにもなります。

同じ味噌を使ってもゴマ油とニンニク、あるいはキムチの素を入れてもまた違ったそうめんのつゆができそうです。

白だしもとても便利でわたしはよく使います。いつも使っているものにも、品質表示にアミノ酸等と記載されていますが、比較的いいものが使われているのかあまり変な味がせず、喉も乾きません。同じアミノ酸でもその中身はいろいろだと思いますので、自分の舌で確かめて、これがあると便利といった調味料を見つけるといいです。

その白だしを塩と混ぜてそのままそうめんの汁にすることもありますが、スイートチリソースをちょっと入れれば盛岡冷麺風になり、ピリ辛の味が楽しめます。白だしとゆずのしぼり汁もさっぱりしていいです。水の中に入れて混ぜるだけでできますから暑い夏にはとても助かります。

また、野菜そのものをそうめんのつゆにしてもいいです。多めの大根おろしとしょうゆのたれでもいいし、トマトを煮込んだトマトソースだれでもいいと思います。味噌、しょうゆ、油はいいものを使うとただそれを混ぜるだけで簡単においしいつゆができます。

自分の家のオリジナルなつゆをどんどん作ってみてはいかがですか。

9 道具について

土鍋で料理
揚げ物以外なんにでも

冬の土鍋料理はおいしいです。野菜でもなんでも鍋に入れてぐつぐつ煮込むだけで、味付けもいろいろ楽しめて簡単です。その鍋の残った汁で雑炊やら、うどんを入れて食べるとこれまたおいしくなり体も温まり、鍋物はとってもいいものです。

でも土鍋は、鍋料理だけでなくいろいろと使えます。土鍋でけんちん汁やカレーを作ってもおいしくなりますし、土鍋で重ね煮のように野菜を蒸し煮にしても自然の甘味が出てとてもおいしくなります。

「何でも土鍋で作るとおいしいですよ」と話しましたら、料理教室に参加してくれた方が、すぐに家でけんちん汁を土鍋で作ったそうです。「いつもと同じように作ったのに、めったにおいしいなんて言わない高校生の娘が、今日のけんちん汁おいしいといったのですよ。うちの娘でも味のちがいがわかるのですね」と報告してくれました。

土鍋は、炒め物もできます。できないのは天ぷらだけで、わたしの周りはみんな何でも土鍋を使って料理をするようになりました。台所は土鍋だらけになったという方もいます。ちなみにゆいの家の料理教室で使う鍋もほとんど土鍋で、大小いろいろな大きさを使っています。土鍋で料理をするようになった方たちからは、金属の鍋から土鍋に変えるだけで料理がおいしくなったと喜ばれています。

南部鉄のフライパン うけつがれる道具

ゆいの家で大活躍してくれている土鍋達です

フライパンは、それ一つでなんでも料理ができてとても便利なものです。フライパンだけ使った料理の本も出ています。

よくあるテフロン加工のフライパンですと、2~3年で買い替えることが多いと聞きます。表面の加工がはがれてくるからです。中に何が使ってあるのかわからないから心配という人もいます。でも南部鉄のフライパンは一生ものです。ちょっと重たいけどずっと使えます。

ゆいの家でも南部鉄のフライパンを紹介していますが、使っている人は、「南部鉄のフライパンにしたら炒め物がおいしくなって、カリッと焼けるようになった」といいます。「餃子もパリパリにできて腕が上がったみたい」という方もいます。

「これでお餅を焼くと最高ですよ。オーブ

何でもおいしくなる南部鉄のフライパンです

ントースターで焼くとすぐ破裂してしまうけど、破裂せずにおいしく焼けるんです」と南部鉄のフライパンを買ってくれた人が教えてくれました。すぐにやってみたら本当に言われた通りですごくおいしいのです。もういいかなと思ってお餅をひっくり返そうとする時にうまく返らない時は、まだ早く、ちゃんといい具合になるとすっと返せます。使い慣れてくると道具がちょうどいいときを教えてくれます。それ以来わたしは、南部鉄のフライパンでお餅を焼いています。

よく「ゆいの家で習った料理を家でやってみたんだけど、べちゃっとしておいしくできなかった」と言う方がいますが、きっとフライパンのせいだと思います。

テフロンは焦げ付かないからいいと言われていますが、南部鉄のフライパンも一度しっかり加熱してから使うと焦げ付きません。あわてて充分加熱せずに材料を入れたときはうまくいきません。ちょっと使い方のコツを覚えれば本当にいいです。使い終わっても熱いうちにたわしでこすってガスの上にのせて乾かしておけば大丈夫。洗剤を使って洗うこともしませんし、表面に油を塗って片付けることもしません。

長持ちする道具は、とても素敵です。南部鉄のフライパンでいつもお母さんがホットケーキを焼いてくれた、お母さんはおばあちゃんに焼いてもらっていた……そんな親から子へ、子から孫へとずっと使い続けられる道具が、家にひとつでもあるといいものです。

鬼おろしは便利
見た目以上のすぐれもの

これは便利だよと言われて、鬼おろしという見たこともない道具をもらいました。最初は、何に使うのかよくわからなかったので使わずにそのまま置いてありました。竹の歯がギザギザしていて手を切りそうな道具です。でも、使ってみるととても便利なのです。

大根はザクザクした大根おろしになり、従来のすりおろし器よりもザクザクしておいしいという方がいます。この大根おろしにぱらっと塩をふり、つなぎに小麦粉を入れて丸めて汁にいれれば、大根のすいとんができます。小麦粉だけのすいとんよりおいしくて、煮る時間によって食感も変わってきます。

この鬼おろしがすぐれものです

レンコンも大根と同じようにすれば、レンコンのすいとんにもなりますし、フライパンでじっくり焼けばレンコンハンバーグにもなります。リンゴのお焼きにもなります。

ゆいの家での料理教室では、鬼おろしも大事な道具の一つとなりました。

10 料理を楽しくする工夫

器にもちょっとこだわってみませんか
漆器もふだん使いに　季節の葉っぱも器に

ゆいの家には漆器のお膳が何セットも揃っています。かつては普通に使ったのかもしれませんが今は高級品のイメージです。使い勝手が悪いとほとんど使われず、中には捨てられるものもあります。そんな器をもらいました。確かに食器洗い機には使えず、不便なのでしょう。でも、そのようなものを使わないわたしには全く関係がありません。

手に持つと優しい感じがします。それに漆器の器に入れるとちょっとしたものでもおいしそうに見えるから不思議です。同じ料理でも器を変えるだけで別物に見えてきます。

皿洗いがめんどうな方はたくさんいらっしゃると思います。わたしは、機械で洗うより自分の手で洗った方が好きです。汚れたものがきれいになっていくのを見ると、さっぱりとした充実感を覚えます。お皿を洗うときは無心になって、瞑想をしているようなものだと感じます。

器は、高いものは高いなりに味わいがあるとは思いますが、なにも高いものでなくていいと思います。でも安いプラスチックや100円均一の器は何が使ってあるかわかりません。熱いものや油っぽいもの、酸味の強いものを入れるときは特に心配です。

自然の大きな葉っぱを使ってみると、季節感のあるいい器になります。5月の連休の頃の朴木《ほおのき》の葉は、ほのかなかおりもして本当にいい器になります。ちなみに、朴葉寿しにしたり、朴葉味噌にも使ったりします。

木の板に盛り付けるのもよい雰囲気です。盛り付けには、家にある木の葉や花をちょっと添えた

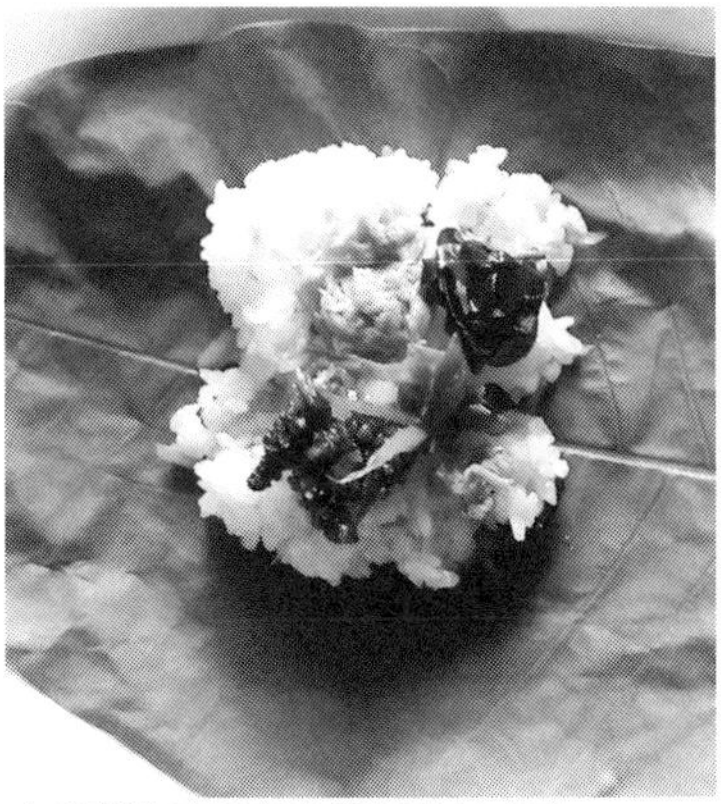

木の葉もすてきな器になります

りして工夫すると料理が豊かな感じになります。わずかな手間でずいぶんと印象が変わりますので、忙しいからこそ、ちょっとのものを添える心の余裕を持てるとよいですね。

また木のスプーンの口に触れた時の柔らかさはとてもいいものです。わたしはずっと金属のスプーンを使っていましたが、その違いに気づいてからは木のスプーンを愛用しています。

どんなものでも、比べてはじめてその違いに気づくものです。

家庭菜園をしてみませんか
プランターの野菜ならベランダでも

畑が近くにない方でも、プランターの野菜ならベランダでも育てることができます。ミニトマトなど簡単にできるものもありますよ。

自分で作った野菜は格別です。もぎたてのキュウリは味噌をつけて食べると本当においしいです。家庭菜園ではジャガイモは一番作りやすく、掘り出した時にごろごろとすずなりのジャガイモが出てくるのは楽しいものです。

ゆいの家でも毎月1回「農に学ぶ」をテーマに、自然農業を営む田島三夫さんを講師として勉強会をしています。その方は、２００８年に亡くなった自然農法のパイオニア・福岡正信さんの教えに従って、極力耕さず肥料をまかないで、農薬除草剤を使わず草を敵としない農法をしています。余分なことはせず、草とも上手に共存しています。種の蒔き方もこんなにいい加減でいいのと思うこともしばしばありますが、ちゃんと育っていきます。

田島さんは自然に育てるために、本当に野菜をよく見ています。ポイントはしっかり押さえ、あとは野菜に任せているのを見て、わたしたちは的外れなことをし過ぎているなあと思います。この会は5年以上続いており、毎年お話を聞いていますが、そのたびに新たな発見があります。

自分で野菜を作ってみると野菜の見方が変わってきます。農薬はよくない、除草剤はよくないと簡単に言いますが、実際に作ってみると草はどんどん大きくなって、草取りも大変になり、虫に食われて葉っぱなんてなくなってしまうこともあります。使いたくなる気持ちがわかります。ただ田島さんに教えてもらったやり方をしていると、だんだん変な虫がいなくなります。田島さん曰く、「虫は余分な肥料の栄養を食べにくるんですよ」とのことです。

ただ、今は私も自分でやれる力があるから大丈夫ですけど、だんだん歳をとって手に負えなくなったらどうなるのかなと思うこともあります。歳をとった方が草刈り機を使って田んぼのまわりの草を腰をかがめながら刈っている姿を近所でも見かけます。義母は草刈り機が使えなかったので、よく鎌ではうようにして草を刈っていました。このように農薬も除草剤も使わず頑張って作っている人たちを見ると、本当に頭が下がります。

大金を稼いでいる人の方が偉いというような風潮がありますが、こうしていのちを支えているものを休まず作り続けている人たちがあってこその、わたしたちのいのちなんだなあとしみじみ思います。

何でも安いものに目を向けるのではなく、ちゃんと育てられた野菜を少々高くても買い支えることは大事なことかと思います。

自分にあった食べ方を食べるものは変えやすい

人の顔が一人ひとりちがうように、持って生まれた体質はちがいますし、その時々で体調は変わります。同じ人でも年齢を重ねたりしてもちがってきます。栄養を消化吸収する腸内細菌も一人ひとりちがうそうです。自分に合った食べ方や食べ合わせがあり、ある人にとってはいいものでもそれが自分に当てはまるかどうかわからないのです。

ですから情報に変に振り回されないことです。できれば昔から食べられていた伝統食を食べるのが一番体にあってまちがいがないと思います。

自然環境や生活環境、人間関係などはなかなかすぐには変えられません。でも、食べるものは変えやすいのです。

船越康弘さんは「食を変えれば人生が変わる」と教えてくれましたが、確かにそう思います。自分の身体や家族に向き合って、できるだけ自然に育てられたものや添加物のないものを選んで、自分で作った料理を食べていけば、安心です。健康になると気持ちも前向きになっていきます。

是非、料理はいやいや作るのではなく、楽しく作ってほしいものです。そのためにも与えられたレシピや食材で作るのではなく、自分の五感を使って自分の味を作っていってほしいと思います。プロはいつも同じ味にならないといけないかもしれませんが、家庭の味は、毎回少しずつ違っていいのです。それが親から子に伝わる味であり、その家庭の味になるのです。

第3章　食はしあわせの種

1 食はいのちをつなぐもの

一人暮らしが長かったから
好きなものばかり食べていた
結婚しても忙しく働いていたから
自分で作ることはなく
できあいのものを
好きなだけ食べていた
完全に食の手を抜いていた
気がつけばガンになっていた

そうだよね
食べたもので心や体が作られるのだから
手を抜いた分
どこかにしわ寄せがくる

でも逆に食を変えれば
またよくもなる
病気は、このままではいけないよと
体が教えてくれる
病気は生きなおしのチャンス
食が変わればまた人生も変わる
しあわせの種は食にあり

病気って「このままの生き方ではいけませんよ」と教えてくれるサインだとわたしは思っています。特にガンは、「今までの生き方を見直しなさい」といっているのです。何か無理があって病気になったのです。食事だけでなく環境や精神的なことなどその原因は様々だと思います。しかし、そこまでには、体が小さなサインを出してくれていたと思うのです。

病気になってはじめて分かる
無理をしていたこと

大腸ガンを治した友人は、ガンになって初めて自分がどれだけ無理した生活をしていたのかわかったと言います。治療方法では医者とぶつかり、自分の体は自分で責任を持つしかないと覚悟をしたそうです。食事はもちろん、それまでの生活のすべてを見直しました。医者頼みにせず自分でやれることはすべてしました。そうしたらいつの間にかガンがなくなっていました。病気になる前よりも若々しく、無理をせず彼女は生きています。

体は頑張り過ぎの生き方に、いつもサインを出してくれています。そんなサインをごまかして働いている人はいませんか。薬などで無理に症状を押さえてはいませんか。病気にならないと休めないぐらい一生懸命働いている人はいませんか。

先日、34歳の息子さんを大動脈乖離破裂で亡くされましたお母さんがいます。息子さんは、仕事で10年間の一人暮らしのうちに心筋梗塞を起こすほど太ってしまいました。お肉が大好きで大好きで仕方がなかったそうです。

実家に帰ってきてからはお母さんが息子さんの健康を気づかい、玄米や野菜を食べさせたりといろいろしていました。ゆいの家での食の勉強会にもよく来てくれていました。「わたしがあれこれ言ってもなかなか息子がその気にならなくてね。本当はこういったところに一緒に来て話を聞くといいんだけど」とよく言っていましたが、残念です。

病気になるとみんなもっと食に気を付けていればよかったと言います。原因は、食ばかりではないと思いますが、でも全く関係ないとは言い切れないと思います。

「食」はしあわせになるために食べるものです。食べることで何世代も生き延び、子孫を残し今があるのです。

しかし、今の食は、本来自然が作りだしてくれたものではなく、人間が作りだした人工的な食、お金儲けのための食がどんどん多くなっています。そんな食を無頓着に食べ、まだ死ななくてもいい若い人たちが死んでいく世の中になりました。どこか発達障害がある子どもたちも増えてきました。子どもを授かりたくてもなかなか自然な状態では授かれない人たちも出てきました。

もう一度、しあわせの種としての「食」を一緒に考えませんか。

台所は家族のいのちをつなぐところ

「今日は何を作ろうかな」そう思いながら、毎日毎日献立を考えるのは大変です。せっかく時間をかけて一生懸命作っても、食べるのは一瞬です。

揚げ物なんて揚げ終わって食べようとするころにはなくなっていて、自分も揚げ疲れて食欲なし。おまけに台所は油が飛び散ってその後掃除するのも大変です。ついつい買ってしまいたい気持ちになるのもよくわかります。

あまりにも便利になりすぎて、お金を出せば、安いものから高いものまでその人の欲求を満たすものは何でもあります。わざわざ作る必要はないのです。作るより買ったほうがおいしいと思って食べる人も多いと思います。

料理を作る時間がどんどんめんどうな時間になってきたのです。

知り合いで、「家中が花粉症や鼻炎で大変なんです」という人を知っています。春先になるとみんなマスクをして過ごすそうです。

「いつもどんなものを食べているのですか」と聞くと、家族みんな卵が大好きで一日に何個も食べるそうです。

明らかに卵たんぱくのとりすぎで、先日テレビでも花粉に含まれるたんぱく質が反応して花粉症になると言っていました。近くの農家さんで育てられた卵だそうですが、食べすぎはやはりよくありません。良かれと思っている食事からだんだん体調を崩していき、これはうちの家系だからとか遺伝だからと思ってしまっている人が多いと思います。確かに遺伝的なこともあるかもしれませんが、家族で同じものを食べることによって体質や体調が似ているだけかもしれません。

そう考えると家庭の台所は責任重大です。

自分で作ればどんな材料を使ったかわかりますが、買ってきたものや加工品を使えば使うほど、いったい何が入っているかはわかりません。

先ほどの揚げ物だって買ってくれば早いです。でもどんな揚げ油を使っているかわかりません。わたしのまわりは、「買った揚げ物は胃もたれするから買わなくなった」とか、「買う店をちゃんと選ぶ」といっています。

仕事の休みはあっても食べることに休みはなく、毎日毎日作らなくちゃいけないのは本当に大変だと思います。時には作りたくないと思っても当たり前のことです。そんな時は手を抜いて、外食したり何かお惣菜を買ってくるのもありだと思いますが、でも台所は自分自身や家族のいのちをつなぐところだということは、忘れないでほしいと思います。

料理を作る時間は自分のいのちの時間

よく衣食住と並べて言われますが、衣も住もかつては自分たちの手で作っていたものが、買う時代になって久しいです。そう考えれば食だって買えばいいわけですが、食はいのちの元です。食べたもので体は作られます。

さらに心まで関係することが脳の研究などからもわかってきました。腸が元気できれいだと、腸からたくさんのしあわせホルモンが出て脳に伝わるというのです。「腸は腸能力。脳より賢い」という人もいます。だから、衣や住と同じにはできないと思うのです。便利だからと何でも食べられればよしとするわけにはいかないのです。

人が台所に立って食事を作るその時間は、一生を合わせると本当にどれだけの時間になるのでしょうか。それは人それぞれちがうと思いますが、自分のいのちの時間を使っていることにはまちがいないと思います。いったいいつまで生きられるかわからない自分の大切な時間。

人は生まれた瞬間にすでにもう死に向かっているのですから。そんな自分の大切な時間をいやな時間にしたらもったいないです。そういっても料理を作るのが楽しく思えないという人は、多いと思います。

だからこそ、一緒に料理が楽しくなる方法を見つけませんか。わたしもどうしたら少しでも料理が楽しいと思ってもらえるかいろいろ考えてきました。最近わたしのまわりには、そう思ってもらえる人が少しずつ増えてきたように思います。

2 無理をしない

体にいいからといって押し付けない

少しでも体にいいものをと思って玄米や野菜の薄味にしたものを出したりすると家族とぶつかりませんか。特に男の人はなかなか受け入れてくれません。「俺は玄米なんか食べたくない」「もっとこってりしたものがいいんだ」「俺はウサギじゃないんだ。野菜ばかり出すな」とそんな話も聞きます。

せっかく体にいいと思って作っても文句を言われるといやになりますね。でもあれこれ体にいいと押し付けられて食べるのって楽しくないのかもしれません。人の好みはすぐには変えられませんから。

知り合いの三十代の独身男性がこんなことを話してくれたことがありました。

学童保育のお手伝いをするようになったら、そこの地元で採れた野菜の田舎料理をいつもお昼として用意してくれたそうです。終わるころには必ず持ち帰りのものを用意してあり、夕飯と朝ごはんにして食べていたそうです。そんな生活を一カ月ぐらいしたころ、最近コンビニで買った唐揚げを食べてないと思って久しぶりに食べたそうです。

そうしたら一口食べただけで、もうそれ以上食べられなかったというのです。毎日食べていると慣れてしまって何も感じなくなりますが、手作りの自然なものを食べ始めるとよくないものがわかっていきます。

ある友達は、少しずつお肉の回数を減らして、その分いいお肉を少量にしていったら、ご主人のワイシャツの襟の汚れが少なくなり、トイレのにおいも気にならなくなってきたといっていました。最近よく言われる加齢臭は、質の悪い動物タンパクの摂り過ぎによるものです。

人の好みはすぐに変わるものではなく、体にいいからと急に変えようとしてもそれは無理なことです。少しずつ少しずつあきらめずに変えていくと、この独身男性のようになっていきます。

ある方は、「5年計画でやっていきました」といっていましたが、気長に少しずつで、まずは食べたいと思う人だけがおいしそうに食べていればいいのです。そうすればだんだんと変わっていきます。

節約ばかり考えて疲れていませんか

今のお母さんの多くは外で働いています。その理由の一つとして教育費があげられます。学校にかかる費用だけでなく塾代もばかになりません。その分食費は節約をしようと考えていませんか。少しでも安いものをと考えていませんか。

100円のしょうゆと1000円のしょうゆの味のちがいはどうなのでしょうか。材料のちがいはどうなのでしょうか。小さい子どもたちにしょうゆの味くらべをするとだいたい味のちがいがわかります。そして、みんなが社長さんなら100円と1000円のでは、どっちのほうがいい材料を使えるかなと聞くと、ちゃんと1000円の方と答えてくれます。

わたしの料理教室では、1キロ1300円のマザーソルトという塩を使っていて、100円の塩と味比べをしてもらっています。確かに高いのですが、「1キロの塩ならいったいどれだけ使えるのでしょうか」と問いかけています。ファミリーレストランなどの外食では、一人1000円ぐらいはすぐに使ってしまいます。でも1キロの塩なら、厚生労働省から出されている1日の塩の摂取量が7・8グラムですから、しょうゆや味噌などの調味料からでもいくらか摂っていることを考えると、一人分で毎日使っても半年は使えます。

家庭事情は様々で誰にでも高いものを使いなさいというわけではありませんが、塩によってまずおいしさがちがうということに気づいてほしいと思います。実際このマザーソルトの塩を使うようになったら、料理がおいしくなった、かえって外食をしなくなったという話はよく聞きます。いい塩は、素材のうま味・甘味を引き出してくれるのです。

そういうわたしも実は、秋葉先生の話を聞くまでは、少しでも安いものを買うことが賢さだと思っていました。スーパーもできるだけ安く買えるところに行っていました。しかし、話を聞いてからは、いい食材を置いているスーパーに行くようにしました。確かに値段は少し高いのですが、一度いい素材のものを使いだすと、その値段の高さに納得がいくのです。

　使わない時は、ただ値段が高いだけのものと思っていたのですが、素材がいいと塩などシンプルな味付けで本当においしくなるのです。それに調味料もいいものを使うと、あれこれ入れてごまかす必要がなくなるので、かえって料理が簡単になります。簡単においしくなるコツをつかむと料理がだんだん楽しくなるのです。

無理して30品目食べなくてもいいのです

　私の子どもの頃は、人糞が肥料となっていて農薬や化学肥料なんてありませんでした。その頃は、自然に作られたもの、季節に合った食べ物しかなかったのです。小学校の社会の授業では、「ビニールハウスというものができて、冬でもキュウリが食べられるようになりました」と習いました。

　その頃は、いつも同じような旬の野菜しか食べていませんがみんな元気でした。それは自然に作られたもの、季節に合った食べ物を食べていたからだと思います。今は季節に関係なくいつでも食べられ、不自然に育てられたものが多いです。原材料を見れば訳のわからない化学的な名前のものがたくさん書いてあります。

１９８０年代に30品目以上食べましょうという方針が厚生労働省から出て、２０００年には撤廃されたのですが、今でもそのことが独り歩きをしています。そんなにいろいろ食べないといけないのでしょうか。そこに無理が出てくると思うのです。

昔は、夏はキュウリやナスやトマトばっかり。冬は大根ばっかりとその季節の旬の野菜を食べていました。今は冬でもキュウリやトマトなどが当り前に手に入りますが、夏野菜のキュウリやナスやトマトは体を冷やす働きがあり、大根、ゴボウなどの冬によく食べる根菜類は体を温める働きがあります。ですから旬の野菜ばっかり食べる方が体にもとてもいいのです。

食がどんどん豊かになって、いろいろなものをおなか一杯食べているのに何か体調がすぐれない人が多いのは、季節に関係なくいつまでも腐ることのない不自然に育てられたもの、作られたものを食べているからです。

人間も自然の一部です。できるだけ自然なものを摂り入れたいと思います。

野菜が自然なものとして作られているかは、まず生で食べるとわかります。野菜本来の苦みではなく変な苦みが残るものは、農薬などが使われているものです。農薬たっぷりの果物を食べると、わたしは喉がいがらっぽくなります。

また、しばらく置いておくうちにどう腐るかでもわかります。腐るものは余分な肥料で育てられたものが多いです。そうでないものは腐らず、しわしわになって固くなります。みかんを箱買いするとよく腐ったものが混じっていますが、我が家の無農薬で作ったミカンは、腐らずどんどん固くなっていくだけです。キュウリなんかも冷蔵庫に入れっぱなしにしておくと、とろけたようになるものは、余分な肥料などを使って作られたものです。

旬の野菜のばっかり料理
飽きない工夫も楽しい

わたしの料理教室は、第2章でも紹介したように旬の野菜の「ばっかり料理」をしています。旬の野菜が一番自然に育てられ、しかも安くておいしいからです。それに季節のものを食べる方が体にもあっています。

冬になると安くておいしそうな大根がいっぱいで

こんな感じに干せばいいのです

す。でも一人じゃなかなか食べきれないときは、太めに大根を切ってハンガーにかけて外に干しておけば、太めの切り干し大根ができます。大根の葉だって干せますし、干した野菜は、またうまみが増しておいしいものです。

江戸時代には「大根百珍」という本が書かれていたそうで、その季節の野菜ばっかりを飽きないようにいろいろ工夫して食べていました。そこには先人の多くの知恵が詰まっていたのです。

便利になりすぎてわたしたちは、工夫するということがなくなってきたように思います。大根だって切り方、料理の仕方や味付けの仕方でいろいろな料理にすることができます。どうやって料理しようかなとあれこれ考えていくうちに料理が楽しくなっていくような気がします。何かがないから作れないとか、与えられたレシピ通りにただ作るだけではあまり楽しくないのではないでしょうか。

3 それでもこれだけは気をつけて

野菜はたくさんとりたいけれどカット野菜に気をつけて

野菜は食べた方がいいと思って買ってくるものの、いつも使いきれず腐らせてしまことってありませんか。一人暮らしだとなおさらです。どうせほんの少しか使わないのだから袋に入ったカット野菜を買ってくることってありませんか。カット野菜なら切る必要もなく無駄がありません。最近は用途に合わせたカット野菜が売っているとか。

せっかく買ってきて腐らせるのはもったいないし、使い切れるカット野菜はとっても便利なものです。

でも切った野菜がいつまでも新鮮なことって自然なことでしょうか。何かが隠されているはずです。

カット野菜工場で働く方から聞いた話ですが、ぶ厚いゴム手袋をつけてカットした野菜を薬品の中につけてから袋詰めをするそうです。ある時ゴム手袋に少し穴が開いていたことを知らずに使っていたら、後でひどい湿疹が出たといっていました。

ランチ時などはいつも満員のあるレストラン。一度食べてみようと入ったのですが、そこでサラダが出てきたのです。異様にぱりぱりして全然野菜の味がしませんでした。確かに見た目はおいしそうな野菜なのですが、まるでプラスチックを食べているようでした。おそらくカット野菜を使っているのでしょう。わたしは、そこには二度と行きたいとは思いません。

もちろん野菜はたくさん食べたほうがいいのですが、何でも食べられればいいというものではなく、育てられ方にもかなり問題があるようになりました。

一般的に有機野菜はいい、虫が食べているのはいいといわれていますが、有機肥料そのものの作られ方にもかなり問題があります。有機肥料は主に動物の糞から作られますが、農薬の入った飼料を食べ、病気にならないように抗生物質などを打たれた動物のものも含まれるからです。また、虫がつくのは有機肥料がしっかり発酵しきっていなかったり、肥料過多です。

私も少し畑を無肥料無農薬でやっています。野菜はあまり大きくならないのですが、虫はほとんどつくことなく育つようになりました。野菜の味も本来の甘みがありしっかりしている感じです。

最近では、野菜工場もあちこちにできています。ある文房具店の上階にも作られており、そこで採れた野菜がそこのレストランで出されていました。管理された水と栄養と光でとてもクリーンな野菜でした。

しかし、この野菜を食べて本当に元気になるのでしょうか。カロリーや栄養価はあるのかもしれませんが、植物の光合成の力を借りて太陽のエネルギーをわたしたちはもらって生きているのです。生物は、太陽のエネルギーがないと生きていけないのです。そして、人間もその中の生物でしかないことを忘れてはいけないと思うのです。そのようなことを考えていけば、おのずと何を食べたらいいかわかる気がします。

砂糖を減らしませんか
人工甘味料はもっとこわい

疲れたときやおなかがすいたとき、手っ取り早くおなかを満たしてくれるものとして、つい甘いものが欲しくなります。疲れているときやイライラしているときなども甘いものは最高においしく、食べるとほっとしたいい気分にしてくれます。砂糖は、体や気持ちを緩める働きがあります。

あちこちスイーツばやりで、見るからにおいしそうなものがたくさん目につくようになりました。もらいものも甘いお菓子が多いです。砂糖は、虫歯の原因になるといったそんなレベルではありません。砂糖の摂り過ぎで低血糖になったりして、キレやすくなったり鬱っぽくなったりといろいろ問題が出てきています。一気に飲んでしまう清涼飲料水には多量の砂糖が入ってます。

このことを書き出せばどんどん書くことができ、砂糖の摂り過ぎの弊害は本当に怖くなります。岩手大学名誉教授の大沢博先生の『子供も大人もなぜキレる』などの本を読むとそのことが詳しく書いてあります。大沢先生は、自動販売機があちこちに置かれるようになり砂糖たっぷりの飲み物が売られるようになった頃から校内暴力が増え始めたと、統計をもとに言っています。

最近の白砂糖の何百倍も甘い人工甘味料はさらに問題です。よくカロリーオフと言っていろいろなところに使われるようになりました。老舗の和菓子屋さんでも使われるようになりました。確かに、そこの中に使われる量はほんの微量で、それだけを食べている分には全く体に悪影響は見られないかもしれません。

でも紙一枚の厚さがほとんど感じないくらい薄いのに、それが100枚、1000枚になっていくとかなりの厚さになっていきます。それと同じようにこういったものを食べ続けていくとどんどん体にたまっていき、神経までがおかしくなっていきます。

実際、砂糖は麻薬と一緒だよという人がいます。食べ出すとやめられないそうで、わたしの知り合いでもかつてチョコレート中毒という人がいました。その時はすべてにおいて体調が悪く疲れやすかったり、尿漏れもしていたそうです。先ほど書いたように今は砂糖よりも怖い人工甘味料も出てきたので、甘いものはもっと体に悪くなりました。甘いものを摂りすぎると心も体もとろけさせてしまいます。

便利なものの裏側
食はやっぱり自分の手で

レトルト食品・冷凍食品などは、早く作れるから本当に便利で、味もよく工夫されていて無駄がありません。値段もお値打ちになっています。企業もあれこれ研究を重ねて次から次へと新しいものを発売して、消費者に飽きられないようにしています。パスタやチャーハンなども何種類もの味があります。その企業努力には敬服します。

普段からレトルト食品や冷凍食品をわたしはまず買わないのですが、改めて見に行ったらその種類の多さに本当にびっくりしました。使うときは、どんなものから作られているか少なくともちゃんと品質表示は見ないといけません。

その表示も、実は100%書かれているわけではないのです。添加物表示では、最終製造段階で使われているもののみを書けばいいことになっています。中間の製造過程で使われたものは書かなくていいことになっているのです。国産大豆使用という表示も100%

でなくても何割か入っていればそう書ける仕組みになっています。悪質な業者では偽装表示もあります。

一度、添加物の話をする安部司さんの話を聞いたことがあります。

安部さんは「みなさんは添加物を使っている企業が悪いといいますが、その添加物を望んだのは、みなさんでもあるのですよ。色のくすんだ肉ときれいな肉とどちらを買いますか。本来時間が経てば肉の色はくすむのです。でもみなさんはきれいな方を買いたがるでしょ。日持ちも長い方がいいと思っているでしょ。少しでも安くておいしいものがいいでしょ。そんなみなさんの要求を聞いて企業努力をした結果が今の食なのですよ」と話されました。

今はやっているノンアルコールビール。本来ビールは大麦とホップから作られるのに、ノンアルコールビールの品質表示を見ると訳のわからないものがたくさん入っています。おそらくこのビールを作るために涙ぐましい商品開発をしたことと思いますが、そこまでしてビールを飲みたいものなのか、ちょっと考えてみる必要があるのではと思います。

今は本当に人間の欲求のままどんどん便利になっていく世の中です。ブドウの種がないほうがいいと思う人が増えれば知らないうちにホルモン剤を使って種なしブドウのほうが当たり前になってくる時代です。

いったいどこまで便利になればいいのでしょうか。映画「千と千尋の神隠し」には、主人公の両親が豚となって何でもがつがつ食べているシーンがありました。今の食のあり方を象徴するのではないかと思います。

人任せの食は、完全に依存した生き方です。人に何から何までやらせておいて何か問題が起これば文句ばかりいうのと同じです。自分でしない人ほど文句を言います。前にあった毒入り冷凍餃子事件もあってはならないことですが、そんなに安く作れること自体がおかしいことです。食の安全性は大事ですが、安さだけを求めればどこか無理がいき、お金を払って自分のいのちを身売りしているようなものです。

電子レンジ
とても便利なものだけど

電子レンジは、わたしが子どもの頃にはなかったものです。ある時から急に便利なものとしてどんどん使われるようになってきました。わたしも初めて使ったときは本当にすごいと思いました。

この頃では、料理番組でも必ずと言っていいほど使っています。電子レンジだけでできる料理もたくさんあります。電子レンジを使ったレシピ集もよく出ていますし、コンビニでは温めるときは必ず電子レンジです。

わたしもかつては、当時としてはまだ高価だった電子レンジだけはほしいと花嫁道具としてわざわざ買ってもらって、便利なものとして使っていました。

しかし、電子レンジの害を知ってからは使うのをやめました。最初は不便かなと思っていましたが、使わないと決めたら何とかなるものです。昔はなかったのですから。

実際、電子レンジで温めた中華まんじゅうはすぐに冷めて硬くなります。蒸し器でするとそんなことはないのに、不思議ですよね。

わたしは、電子レンジがチンといった瞬間、そこにいのちはないと話しています。変なたとえですが、チンとなったと同時に死後硬直がはじまっているのです。見た目は同じでも、カロリー的なことは何も変わらなくても、そこにいのちがなくなっているのです。それを食べれば確かにカロリーはとれているのかもしれませんが、いのちとしてのエネルギーはもらえません。

そんな話をしたら、ある人から、「知り合いの犬は、ちゃんと前の晩は食べているのに、次の朝、電子レンジで温めたごはんは食べないと聞きました。冷たくなってかわいそうと思って温めてやっているのになぜ食べないのかと知り合いはずっと思っていたそうです。犬は本能的にわかるから食べなかったのですね」と言っていました。

一人暮らしの父は、自分の炊いたご飯を冷凍にしておいて、いつも電子レンジで温めて食べていました。「冷凍したのを一晩保温ジャーに入れておくと、朝温かいご飯が食べられるよ」と伝えました。

ある会場でも、「電子レンジは使わない方がいいと思いますよ」という話をしましたら、年配の男性が「酒の熱燗はどうしたらいいのですか」と質問されました。便利な道具のせいで完全に思考停止になっているなあと思いました。

空腹も心地良いもの 食べすぎていませんか

腹八分目が体にいいとよく言われますが、今は明らかに食べ過ぎの人が多いです。いつも食べてばっかりいるので胃や腸は休む暇がありません。時には、断食や半断食で休めることも大事だと思うのです。

わたしは、家の近くのマクロビオティック和道の磯貝昌寛さんの半断食に時々参加しています。初めて参加した時は大丈夫かなと思ったのですが、いざやり始めると食べなくても平気になってきます。毎日あんなに食べていたのに不思議な感覚です。

何回か参加しているうちに体調も良くなり、いつも食べてばっかりでは気づかない空腹の心地良さを感じることができるようになります。

最近は不食の人と言ってほとんど食べない人も出てきました。一日青汁一杯で過ごす森美智代さんに一度お会いしたことがあるのですが、すごくふっくらした方でした。

　仙人は、霞を食って生きていると聞いたことがあります。昔はまさかと思っていたのですが、今は嘘ではないかもと思うようになりました。

　火事場のバカ力ではないのですが、食べないという飢餓状態に追い込まれることで何か特別な力が出るのかもしれません。食糧難だった戦時中は、よく妊娠して何人も子どもが生まれましたが、飽食の現代は、子どもが欲しいと思ってもなかなか妊娠できない人も増えてきました。このことも飢餓状態から起こる危機感の所以かもしれません。

　このように、食べないことによって体の中に眠っている力を呼び起こすのでしょう。病気治しをするために何日も磯貝さんのところに滞在される人も多く、何らかの改善がみられているようです。

　ほかにもいろいろな断食道場があり、必ず宿便が出るというやり方や酵素ジュースを飲みながらというところもあります。とにかく断食道場によっていろいろです。自分の体質や体調に合うところを見つけることが大事です。断食明けの食事をきちんとしてくれないところはまずダメで、ただ食べないだけだと逆にリバウンドが来ます。自分でダイエットしたいと思って単純に食べないことと同じになっています。ちゃんとした指導者がいることが大事です。

4 「弁当の日」で気づいたこと

台所に立つことは生きていく力の土台

わたしは、香川県の竹下和男先生のすすめている「弁当の日」の応援をしています。「弁当の日」は、献立、買い出し、調理、後片付けなどすべて子どもが自分一人で作ったお弁当を定期的に学校に持っていくという取り組みで、全国にひろがり実践校が2017年までに1800校以上になっていると聞いています。

最初竹下先生が2001年、初めて滝宮小学校で始めたときは、だれも賛成する人はいませんでした。

親の反応は、学校から言われてもそんなことは無理。朝なんて起こしても起こしても起きてこないし、包丁なんて持たせたこともないし、それに火を使うなんて危ないし、きっと台所もぐちゃぐちゃにするからかえってめんどうになる。なんでこんなことをさせるんだろう。余計な仕事がまた一つ増えるだけだと思われていました。

でも子どもって、自分でやらせることで育っていくようです。最初は、無理だと思っていても案外させてみるとできるもので、いつもは起きない子が起きてきてちゃんと弁当を作るようになりました。

実際に最初から全部作れる子はいなかったそうですが、回数を重ねていくうちにだんだんできるようになり、最後は全部作れる子がほとんどだったそうです。

料理ぐらいいつでもできるようになるだろう……今はそんなことより勉強が大事だと思って先延ばししても、結局大人になってもできるようにはなりません。大人になればかえって便利なものがいっぱいで、お金で何とかなってしまいます。そんなふうに育った子どもたちがすでに親になって、料理を作るのをわずらわしく思っています。

子どもがやりたいと思ったときに台所に立たせた方がよく、台所に立つことは生きていく力の土台となると竹下先生は言います。

その竹下先生の講演会に参加するたびに「弁当の日」にまつわる素敵なエピソードをたくさん聞いています。

あるお母さんは、「今日仕事でお父さんもお母さんも遅いから何か買って食べていて」と子どもに電話したら、「大丈夫、弁当の日をしているから夕飯は自分で作れる」と言ったそうです。夜の10時、あわてて帰ったらちゃんとあったかい味噌汁と唐揚げと卵焼きが用意されていたそうです。このことは、ただ料理が作れるだけではなく、親の役にたっているという満足感が子どもにもできてきて自立心にもつながります。

また、わたしの知り合いのお父さんも、「弁当の日」の講演を聞いたことをきっかけに一人娘がよく夕飯を作ってくれるようになったようで、「確かに最初はすごいものを作ったなと思うこともあったけど、だんだんうまくなるものだね」といつもしあわせそうな顔をして娘さんのことを話してくれます。

「弁当の日」は子どもが台所に立つきっかけ作り

最近は親の方が食事をつくることを煩わしく思うようになりました。

ある大学の学生に「おふくろの味は何ですか?」と聞いたところ、まずおふくろの味の意味がわからない。そして先生が説明してでた答えが、3位がハンバーグ、2位がカレー、そして1位がなんとマクドナルドでした。

たまたまこの大学だけのことかもしれませんが、それでもマクドナルドがおふくろの味となる時代なのです。マクドナルドで育った子どもたちは、大人になっておふくろの味としてまたマクドナルドに行きます。もう親の方に何とかしましょうといってもダメな時代になってきています。

だから竹下先生は、子どもたちを台所に立たせるきっかけとして「弁当の日」を始めました。もう何度も竹下先生のお話を聞いているのですが、今の現状により危機感を持ってきてここで何とかしなければと、最近の講演ではその話しぶりにさらに熱がこもるようになりました。

今の子育ては、〝電子ベビーシッター〟と言われ、子どもたちは、パソコンやゲーム機などで幼児から遊ぶことが多くなりました。昔のように自由に外遊びが集団でできなくなったせいもあります。ある小学校のアンケートではゲーム機で遊ぶのはただひまだからという答えが返ってきました。

そんな時、遊び感覚で台所で料理を作ったらいいのではと思います。竹下先生は、本当に大切なことは、小さいうちに楽しいこととしてさせるほうがいいと話されます。

「弁当の日」をかつて経験した子どもたちは、大学生になったりすでに結婚したりしています。みんな料理をすることは別に苦痛ではなく、むしろまわりの人たちがあまりに作れないことに驚くといっていました。子どもが生まれたばかりの若いお母さんになった人は、「早く大きくなってこの子を台所に立たせたい。自分の料理を伝えたい」と言います。

親の味は、ただ食べさせているだけでは子に伝わりません。ちゃんと伝えていかないと。戦時中、特攻隊で亡くなった人の多くは最後「お母さん」と言ったと聞きます。おふくろの意味は、胃袋のことかもしれないと思うようになりました。自分の還る味なのです。母が亡くなってしみじみそう思います。

「弁当の日」を応援
子どもたちの誇らしげな顔

わたしも竹下先生の「弁当の日」を応援するために、講演活動や子どもたちとの「はじめてのお弁当作り」ということもしています。お惣菜はわたしが作って、子どもたちには塩おむすびだけを作ってもらうのです。素手で作らせますが、実に楽しそうです。最初ご飯粒だらけになった子もいますが、手についたお米を一粒一粒おいしそう食べながら、何回かにぎっているうちに上手になっていきます。

その子どもが作ったお弁当をお母さんも一緒に食べるのですが、「できたよ」という子どもの誇らしげな顔、「こんなにちゃんとできるんだ」という驚きとわが子の成長を喜ぶお母さんたちの様

一緒にはじめてのお弁当作り

子を毎回見せてもらい、わたしもしあわせな時間を共有させてもらっています。

これをきっかけに「子どもが台所に立つようになった」、「立たせるようになった」という話もよく聞きます。小さいうちから子どもを台所に立たせることは生前贈与だと竹下先生は言います。

わたしがこのことを知った時には、もう二人のわが子は18歳で家をでて大学生になっていました。たまに家に帰って来ても忙しくまた帰っていき、料理を教える時間なんてありませんでした。そして娘は、一度も家に帰ることなく卒業後すぐに結婚して遠くに住んでいます。

もっと早く知っていればよかったといつも思うのです。最初はちょっと手がかかっても子どもと一緒に台所に立つことは素敵なことではないですか。後で自分の作ったものが食べられるのですから、きっとゲーム機で遊んでいるより楽しいと思います。

自分の経験を通して、親だけがただ作っているのではだめだなとつくづく思いました。毎日作っているから子どももできるようになるだろうと親が勝手に思っているだけです。子どもはただ食べているだけではできないのです。させてはじめてできるようになるのです。

竹下先生の言うように子どもを台所に立たせて料理を作れるようにさせることは、本当に生前贈与だったとしみじみ思います。わが子は生前贈与をしそびれて巣立ってしまいました。

5 食がすべてのはじまり

もしわが子が不登校になっても食事はいつか伝わる無言の愛情

子どもが学校に行かなくなって昼夜逆転。「ご飯だよ」と言っても部屋から出てはきません。一緒にご飯を食べることがなくなり、無理に言えば怒鳴られるだけで一体どうしたらいいのだろうと、そんなお母さんたちの声を聞いてきました。

佐藤剛史（九州大学大学院農学研究院の助教で「弁当の日」を応援しています）さんをお呼びしたときに聞いた話ですが、ある女子大生が、「わたしは不登校でした。お母さんは、食べても食べなくてもわたしのために毎日ご飯を作り続けてくれました。お母さんが仕事に行く時は、必ず弁当にしてありました。だから今のわたしがあるのです」ということを聞きました。

わたしのまわりでも子どもの不登校で悩んでいたお母さんはたくさんいました。いったいどうしたらいいのか本当に悩んでいました。どちらが悪いというわけではないと思います。

でも食べても食べなくてもその子の分を用意しませんか。食事を作り続けることはあなたのいのちを大切に思っているよという無言の愛情。いつか伝わる時が来ると思うのです。ただご飯を作り続けることで、この女子大生のようにいつか自分の力で動き出すときが来ると思います。

不登校の子どもたちの居場所として、川崎で25年以上活動しているＮＰＯ法人「フリースペースたまりば」の西野博之さんは、次のことを同法人の機関誌で書いていました。

学校に行けなく（行かなく）なっても、その先に選択肢は必ずありうるということ。「学校に行かないと将来大変なことになるぞ」という叱咤激励のつもりの「脅し」より、「だいじょうぶ」の種をまくこと。最近つくづく思うことは、学校に行っていようが行ってなかろうが、大切にしていることはとてもシンプルなことなんだよね。

一緒にご飯を作って、食べて「おいしい」と言える仲間がいる。周りには、「だいじょうぶ」「生きているだけでまるもうけ」というまなざしで見守り、寄り添ってくれるおとながいる。安心して失敗できる。弱さをさらけ出してもバカにされない。比べられない。排除されない。自分の存在が誰かの役に立っていると思えるようなチャンスがちりばめられている。指導する・されるの関係ではなく、暮らしの中から学びあう。人とちがうことは豊かなことだと受け止め合えるつながりがある。こんな居場所をこれからも続けていきたいと思う。

そして学校に行かなかった時間が、自分にとって大切な時間だったと思える、「あの時間があったから、今の自分がある」そう思えるような時間を一緒に過ごして行けたらなあと思う。

ここでもやっぱり一緒にご飯を作って食べることを大事にしていました。そして、自分の存在が誰かの役に立っていると思えることの一つに、料理を作ることがあるかなと思いました。

心の空腹感
生と性と食はつながる

先の佐藤剛史さんと内田美智子（助産師で「弁当の日」を応援しています）さんとの共著『ここ』という本の中に、次のことが書いてありました。

性を大切にしようと思えば、生が大切になります。
性教育は生教育です
生を大切にすれば食が大切になります。
生きることは食べること、食べることは生きること。
「性」と「生」と「食」はつながっていたのです。

その内田美智子先生の講演を聞いた竹下先生のお話では、十代の未婚で妊娠した若い女性とお母さんが、内田先生のところに来て、「相手もわからず産むなんてどうかしているからおろしなさい」「いや、わたしは絶対産むの」とお互い言いあっていたそうで、最後娘さんが、「あんたなんか一回もごはんも作ってくれたことなんかなかったくせに」といったそうです。

これもまた竹下先生から聞いた話ですが、母子家庭でお母さんは一生懸命働いており、その息子さんが、「母ちゃん、一回でいいからお弁当を作ってくれないか」と言ったそうです。ひもじい思いをさせないようにそのお母さんはちゃんとお金を渡して、息子さんは好きなものをいつも買って食べていました。だから何度も作ってくれないかという息子さんに対して「ちゃんと好きなものを買って食べているでしょ。あなたのために一生懸命働いているのだから」というようなことを言ったそうです。

そんなやり取りの最後にその息子さんが、「母ちゃん、なんで俺産んだんだ。たった一つのおむすびも作れないほど忙しいのか。俺さえいなければ母ちゃんはこんなに苦労しなくてよかったのに」と言ったその言葉を聞いて、初めてお母さんはわが子の心の空腹感に気づいたそうです。

内田先生は、何でもおなか一杯好きなものを食べさせてもらっている今の子どもたちにとって一番のごちそうは、「ひもじさ」かもしれないと言います。

ご飯は、おなかが減っているからおいしいのです。ひもじければ白いご飯やおにぎりだけでもおいしく感じるのです。自然とご飯を作ってくれる親のありがたみがわかりますと言います。

親にとってはたかが食で、子どもに何か好きなものを買って適当に食べさせておけばよく、それよりも将来の教育費のためにお金を稼ぐことの方が大事だと大人たちは思いちがいをしています。そんな親の子どもは、心の栄養失調なのです。子どもにとっての食は、体だけでなく心も満たしていく大事なものです。

わたしたち大人は、豪華でおいしいものばかりに目がいって、毎日ごちそうを食べさせないといけないと思って、料理を作ることに気後れしたり、子どもの好きなものを食べさせていればいいと思って、いつも子どもが好きなものしか食べさせなかったりしてはいないでしょうか。

子どもは、親の作ったものが食べたいのです。決してごちそうでなくてもいいのです。子どもたちにとって、食が心の栄養でもあることを忘れてはいけないと思います。

一人暮らしの人へ 一番大切なのは自分

仕事を夢中にやっているうちに気がつけば四〇代の一人暮らし、という方も少なくないのかもしれません。なんでも好きなものを買ってきて食べてきたから、今さら自分のために作るなんてめんどうなこと。誰か食べてくれる人がいれば話は別だけど、と考えている人もいるかもしれません。

確かにたった一人の自分のために作るのはめんどうです。でも一番大切にしなければならないのは、自分の体です。毎日毎日頑張ってくれています。自分の好きなものばっかり食べるのではなく、自分の体が喜ぶものを食べませんか。

また、今はいろいろな情報があふれ、体にいいと言われて多くのものが売られています。時には、全く逆のことを言っていることもあり、いったい何がいいのかわからなくなってきています。

そんなときは自分の体の声を聴くことです。自分の体にとってどうなのかということを知識や頭で考えるのではなく、自分の体で感じることです。その人その人で体質はちがいます。その時々でも体調は変わってきます。いつも自分の体の声を聴きながら試してみるのが一番いいのです。

最初はなかなか気づけないかもしれませんが、食を変えることで明らかに体が変わっていきます。

わたしの講座に来てくれた方も、パンやパスタ、甘いものが大好きで主食のようにかつては食べていたそうです。さすがにこれではと思い食を変えたら、いつもあった大量の抜け毛がなくなり、背中の肌荒れもなくなり、化粧ののりも良くなったといっていました。しみじみ「体って食べたもので反応しているんだね」と話してくれました。

6 子育てと食

新米ママへ
情報に振り回されない

離乳食を始めた今の若いお母さんたちは、適当に作るのがとてもにがてだと保育園の先生から聞いたことがあります。

離乳食の本やインターネットの情報を見て一生懸命作るのですが、できるだけていねいに伝えたほうが親切と思ってか、それらには事細かに書いてあり、何カ月の子には何を何グラムということまで書いてあるのです。ある若いお母さんは、「寝ないでそれに従ってきっちり計って作っています」といっていました。

まるで学校の授業のように、教えられたようにそのままやるのがいいことで、子どもの食べ方が標準通りにいかないと不安になるようです。

でも子どもは一人ひとり違います。よく食べる子もいれば食の細い子もいます。一生懸命作っても子どもは、おいしそうにいつも食べてくれるとも限りません。

もともと料理なんか作ったことなかったのに、結婚してしぶしぶ作り始める。それでもわが子のためならと本を見ながらおかゆのペーストなどを時間をかけて必死で作っている新米ママはいませんか。

実はわたしの娘がそうです。娘は、子どものためにせっかく苦労して作っても、ベーっと出して食べてくれず、「子どもの世話だけでも大変なのに離乳食も作らなきゃいけないなんて気が狂いそう」と言います。

娘は「料理は好きになれない」といっていました。でも、子どもが二人に増え、大変だといいながらも、経験を積んでいくうちにうまくやれるようになってきたようです。何事も続けることです。続けることで前よりは段取りよくできるようになってきました。料理を好きになってほしいとは思うのですが、少なくとも嫌いにはなってほしくないと娘にはいつも言っています。

わが子の成長は、他の子と比べたり、情報の内容と比べたりする必要はなく、その子なりに少しずつ成長していけばいいのです。だから、わが子の成長をじっと見守ることが大事です。

その時あるものでも子どもは元気に育つ

昔の子育ては、わざわざ離乳食なんて言っていませんでした。その時あるものをちょっとひと手間かけて食べさせていたと思うのです。だから離乳食を何か特別に作ろうとしなくても、子どもは育ちます。

最初は、手に持てる大きさの固めのものをかみかみさせて、いっぱい唾液を出させる練習をさせます。その後は、だんだんと子どものかみ切る力に合わせて固さを変えていけばいいのです。「ご飯は柔らかご飯のおむすびからでも大丈夫だよ」と、愛知県蒲郡市にあるももの木保育園は、そんな離乳食にしていました。野菜は、汁物の味をつける前のものでいいのです。

むしろ小さい子は、道具によっての味のちがいや素材のちがいをよく知っています。

あるお母さんは、1歳になったばかりの我が子に、アルミホイルにくるんで炊飯器でご飯を炊くとき、一緒にジャガイモをふかして食べさせていたそうです。でもあんまり食べないのでジャガイモが嫌いなんだとずっと思っていたそうです。そう思っていたら、わたしが土鍋でふかしたジャガイモをパクパクとよく食べるのを見てびっくりしたと言っていました。同じジャガイモなのに土鍋と金属とでは味がちがっていてその子はちゃんと知っていたのです。

「緑色の野菜はうちの子は全く食べないのです」と言っていたお母さんも、私の作った緑の野菜のおかずを食べているのを見て驚いたそうです。

よく野菜嫌いといいますが、本当に野菜が嫌い

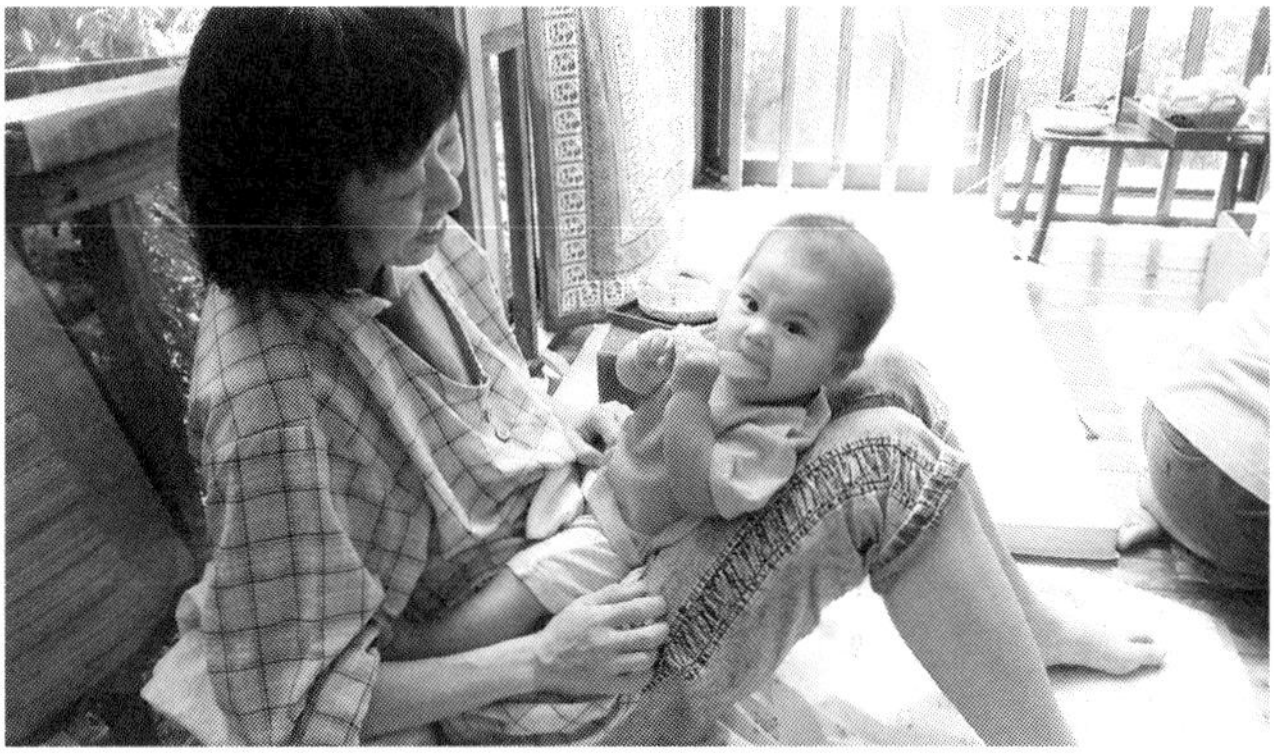

食欲は意欲、自らの手で食べることが大事（ももの木保育園）

ではなく野菜についた化学肥料や農薬の苦みを感じて食べないのかもしれません。料理の仕方でも味がちがってきます。小さな子どもたちはその違いがわかっているのです。子どもの好き嫌いを決めつけず、3歳ぐらいまでは、食べても食べなくても何でもおいしいねと言って食べさせればいいと思います。

また、子どもは甘いものが大好きだと勝手に思っているのは大人の方で、まだ甘いあずきを食べたことのない小さい子どもは、砂糖の入ってない塩あずきでもおいしそうに食べます。

小さい時食べさせるものはその子の一生の味覚のもとになり、子どものおやつは、お砂糖の甘さではなく穀物やイモなどの素材の甘さで充分満足します。別に手が込んでなくていいのです。小腹が満たされればいいのですから、ご飯と同じおむすびやいもをふかしたもの、キュウリ一本丸かじりでもいいのです。飲み物も水やお茶で充分。

スナック菓子や甘いクッキー、ジュースなどの甘いものや添加物だらけのものは子どもの集中力がなくなっていくだけです。甘いものはわざわざ教えなくても知らないうちに覚えていきます。

また、今は競争のようにキャラ弁（キャラクター弁当）が流行っているようですが、ふたを開けた時一瞬喜ぶかもしれませんが、でも子どもは見た目では食べません。お母さんたちが一生懸命作ってくれたお弁当が一番なのです。

作ってくれた人の想いが一番のごちそう

料理を作る人はいろいろ気になるようです。栄養は足りているか、メニューに飽きがこないか、おいしくないと言われないか……。

できるだけ作ろうとするけど時間ばかりかかってうまくできない。ついつい買ったもののレトルトで済ませてしまう。何か後ろめたさがあり、何が食べたいのかと子どもに聞いて、結局いつも作るのは、から揚げやカレー、ハンバーグなどのカタカナことばのものばかり。

せっかく作るのなら子どもに食べてはしいと思う気持ちはわかりますが、でも小さい子ほど、何を食べたいなんて聞かなくてもいいと思います。親が食べさせたいものを作ればいいのです。おなかがすけば、子どもは食べます。

それに、毎日ごちそうみたいにしなくても大丈夫。ご飯と味噌汁とちょっとのおかずがあれば充分なのです。それで子どもは元気に育っていきます。

もっと食事をシンプルに考えませんか。毎日がごちそうである必要はないのです。少なくとも子どもたちはお母さんたちの作ってくれたご飯が一番うれしいのです。

7 食の奥深さ

しあわせの根っこは食にあり
ただ楽しく料理を作ればいいだけ

ゆいの家によく来てくれた人が、「昔、高石さんがただご飯を作っていればいいといったことがよくわかった」と言ったので「どんな意味ですか、そのことを書いてくれませんか」とお願いしましたら、次のことを書いてくれました。

わたしは学生時代、有吉佐和子さんの書籍『複合汚染』に出会い、食への疑問から生協に就職を決めました。その後、食事の質にはこだわっていたものの、初めて授かった子はいつも泣いてばかりで食も細く、重度のアトピー。「こんなはずでは」とショックでしたが、子どもを出産した助産院が玄米菜食（マクロビオティック）を取り入れていたことから、日々の食事を本格的に見直すことのきっかけとなりました。質だけでなく、子どもには主食のご飯をしっかり食べさせること、おかずはほんの少しで良いこと、おやつだけでなく料理にも砂糖を使わないこと、味覚を育てることなど。食べることだけでなく、遊ぶことなども大切にしてきました。全身を使って外遊びをたっぷりさせ、早寝早起きの規則正しい生活、食事はおにぎりと味噌汁中心の生活、たったそれだけで、病院にお世話になることもなく育ちました。

子どもが小学校に入ると、まず困ったのが牛乳と給食の壁。我が家では食べさせてこなかったものばかり。子どもの強い希望で給食を食べることを認めたものの、完治したと思われていたアトピーや鼻炎が再発。給食のメニューが砂糖と油が多いので、夕飯で調整するようにしました。友達が食べているお菓子やジュースがうらやましくてねだられることもありました。頂き物は認めましたが、わざわざ買い与えるようなことはしません。食べさせたくない理由をその都度、子どもには説明をしました。

中学生にもなると、体も大きくなり、親の言うことに反発するように。家でほとんど話もしないし、学習面でも悩んだり。そんなころ、高石さんに「お母さんはご飯さえ作っていれば大丈夫」と言われ、本当にこのまま食事だけ気をつける生活でよいのかと思う日々が続きました。

高石さんは仕事で忙しいときも必ず食事だけは自分で作っていたという話はとても励みになりました。まわりに同じような感覚で子育てをしてきている先輩がいなかったので、わたしのしていることにいまいち自信が持てなかったのです。

息子は高校生になると、それまでの反動からか、学校帰りに外食やコンビニで買い食いをすることが続きました。しばらく黙ってみていましたが、3カ月ほどたったころ、「明日から弁当のほかにおにぎりも作って」と言ってきました。あまりにも早い反応にわたしのほうがびっくり。はじめは珍しがっていろいろなものを食べたようですが、食べつけない味や体調の変化に自分でも気づいたようです。高校3年生になった息子は、いまでも弁当のほかにおにぎりを持って出かけます。部活や塾で帰りは毎日11時過ぎ。それでも必ず家に帰って夕飯を食べます。ごちそうというわけではなく、ご飯と味噌汁、おかずもたくさんは用意しません。それでもご飯を楽しみに帰ってきます。

来年、息子は一人暮らしを宣言しています。反抗期も落ち着いてきた息子と話をしていると、これまで続けてきたことは間ちがいでなかったと、もう心配ないと自信を持って言えます。ここに来るまで18年……特別なことは何もなく、当たり前のことを続けたことの結果です。高石さんが言っていたことは本当でした。

料理を作ることとは、毎日の地味な繰り返しです。忙しい中一生懸命作っても、すごいねって褒められることはありません。

心理学者のマズローは、「自己実現をしている人の強さとは、環境や外部の条件ではなく内面のタフさ、どんな今日の中でも人生を楽しめる心の強さです。地味な仕事の中にきらめきを発見でき、平凡な日々の中にも楽しみを感じられる人が自己実現をした人なのです」といっています。

まさに毎日料理を楽しく作り続けられる人は、マズローのいう自己実現した人かもしれません。それは木の根のように目立ちませんが、確かにしあわせの根となります。わたしの場合、主人は早くに逝きましたが、少なくともこれまでの人生「しあわせの種は食にあり」と自信を持って言えます。

食で人がつながる 食は会社や地域も変えていく

最近は企業も食を通して社員とのつながりを求めるところが増えてきました。

NHKのサラメシという番組では、毎回社員さんたちが社員食堂や楽しそうに昼食を職場で共に食べている姿が映し出されています。時には社長さんが自らお昼を作って、社員さんばかりでなくお客さんにも一緒に食べてもらっている会社もありました。みなさんしあわせそうな顔をして食べていました。

浜松にある都田建設は、毎週木曜日に社員全員とバーベキューをしています。時間は1時間で準備から後片付けまでして、予算は1万円。毎回そのためのリーダーが変わり、買い出しや段取り等すべてしてします。そこには社長も新人もない世界です。

その様子を2回ほど見に行ったことがあります。みなさんテキパキしていて早いんです。2回目に行ったときには、準備開始から15分ぐらいでもう食べ始めていました。

社長である蓬台浩明さんは、社員たちとどうコミュニケーションをとっていったらいいか、とても悩んでいた時にこれを始められました。最初は、また社長が変わったことをしだしたと思われていましたが、回を重ねることでみんな和気あいあいの関係になっていき、社員の団結力や段取り力などいろんな面で向上していったといいます。

今では都田建設は、地域でとても素敵な場を作っています。

食は、個人や家庭の問題だけでなく、会社や地域も変えていく力があります。

先日も東京の湯島で佐藤修さんが主宰しているコムケアセンターで「食」を切り口に、「人がつながるしあわせ」というテーマで話してきました。そこは、かつてゆいの家のようにいろいろなジャンルの方が問題提議となる話をしてくれて、その時々のテーマで興味をもった人が参加し、共に語り合える場になっています。後日、佐藤さんが、次の感想を送ってくれました。

高石さんの話は、気づかされることがとても多かったです。

福祉の原点を問い直される気がしました。

食は生きることの基本ですが、文化の起点でもあります。

たくさんの人に聞いてほしいお話がたくさんありました。

高石さんは、学校の先生を辞めて、「ゆいの家」という活動に取り組まれだしたのですが、先生時代に体験した「食の大切さ」の話から、いま取り組んでいる活動まで、具体的な事例も交えてとてもわかりやすく話してくれました。

現在は、「食」からしあわせの種まきをするために「食からの未病学」を立ち上げて、料理教室や講演活動などをされていますが、未病のための陰陽講座のさわりの話もしてくださいました。

高石さんは、食のあり方次第で、生活や言動が変わってくること、食を通じて人の関係が変わり、まさに食は「幸せ」につながっていることを、たくさん体験されています。

「食」は単に栄養補給だけではなく、もっと大きな意味をもっています。

しかし、昨今の状況は、そうした「食」のもつ豊かな意味が軽視されているのではないかと高石さんは言います。

運動会での給食の話や、子どもたちが自分たちで食事をつくるという学校の活動の話なども出ましたが、お聞きしていて、食を通して、学校での「いじめ」や不登校などの問題も、あるいは先生たちの悩みの多くも、解決できるのではないかと思いました。

学校に限りません。

家庭においても職場においても同じことかもしれません。

一緒に食事をすることの意味はとても大きいです。最近は「孤食」も増えてきています。とてももったいない話だと思います。せっかくの「食」の役割を、活かせていない社会になってきているのではないか。

「食」を通じて、社会の実相が高石さんには見えているのでしょう。

高石さんは食の意味を三つあげました。

「料理も食もほんらいとても楽しいこと」

「食は自分にとっての最高の主治医であること」

「食を通して人は豊かにつながれること」

お話を聞いていて、とても共感しました。

福祉分野で活動している参加者の方たちも、食の効用を話してくれました。

企業に関わっている人は、食を通じてコミュニケーションが豊かになった事例を話してくれました。食の効用はたくさんあります。

ただ「食べるだけの食」にしておくのはもったいない。

ゆっくりしたサロンでしたが、考えさせられることが多く、私自身少し食のあり方が変わりそうです。

この章では、食に対してわたしが思っていることをいろいろ書かせていただきました。

これまでの出会いと学びから、食は本当に奥の深いもので、すごい力を持っていると思います。ただ食べてお腹を満たすだけではもったいないことだと思います。わたしが仕事として食を選んだのは、このような食を取り巻く豊かな世界を感じたからです。食を単なる栄養的なもの、機能的なものだけだとしたら選んでいません。そして、わたしの伝えたい食はここに書いたような人と人とのつながりの中の食なのです。食は自分だけのことではなく、また今だけのことでもなく、そう、過去も未来もすべてをつなぐ力があるのです。食はすべての人にとってしあわせの種となります。

第4章　食からしあわせの種まき

1 「食からの未病学」とは

食は人をしあわせにするもの そのためには知恵が必要

本来食は、人をしあわせにするものです。料理を楽しく作ることは、その第一歩だと思います。しかし、料理を楽しく作っているだけではしあわせになれない部分が出てきました。あまりにも不自然な食べ物が多いからです。何でも気にせず食べていればいい時代ではなくなり、今は食べたもので病気になっていくのです。食べ方の知恵も必要になりました。すでにこの本の中にもそのことをあちこちでふれてきました。

わたし自身、料理教室だけをしていてはだめで、座学として伝えていく必要があると思うようになりました。もう一度食から伝えていきたいことを考えまとめたのが「食からの未病学」で、次の三つのことを柱として伝えています。

①自然（じねん）料理を通して「料理を楽しい」と思って作ること
②未病のための陰陽講座を通して「自分の主治医は自分自身」という自覚を持つこと

③子どもたちを台所に立たせることは、未来の未病につながるということ

普通、未病というと多くの方が、病気にならないように何を食べていいとか悪いとかといったことを想像されるかもしれませんが、わたしの「食からの未病学」の提案は、このようにむつかしい学問知識や数値、あるいは単純にこれを食べるといいとか悪いとかを言うつもりはありません。もっと根源的なことを伝えたいと思うのです。つまり「未病」ということばをわたしは、単に病気にならないということではなく、しあわせに生きられることととらえています。ですから「食からの未病学」は、食を通してしあわせに生きることです。

最初の「料理を楽しいと思って作るようになること」については、そのことを伝えたくてこの本を書きました。

二番目の「自分の主治医は自分自身という自覚を持つこと」については本章で書いていきたいと思います。

三番目の「子どもたちを台所に立たせることは、未来の未病につながるということ」は、第3章の「「弁当の日」で気づいたこと」のところで書きました。

本章で触れるのは二番目のことですが、詳しく書いていくとまた本が一冊以上必要になってしまいますから、簡単に触れたいと思います。

自分の主治医は自分自身
なによりその自覚が大切

自分の主治医は自分自身という自覚を持つ。このことは、とても大事なことだと思うのです。戦後どんどん食生活が豊かになり、わたしたちの多くが、好き勝手にものを食べて、病気になったら誰かに治してもらうという依存し過ぎた生き方をするようになりました。その結果が、1年間の総医療費が40兆円を超すようになり、平成27年は41兆5000億円です。

昭和30年のころに比べると人口は、1・5倍なのに医療費だけは、170倍以上になっています。平成27年の医療費は前年に比べて3・8％の伸び率で、薬などの調剤は9・4％も伸びているのです。これって異常だと思いませんか。医学は進歩しているといっても病人の数は一向に減らないのですから。

もともとわたしたちの体は、不調を教えてくれるセンサーがあるのです。ただそれに気づかない、気づこうとしないわたしたちがいるのです。体の不調は、痛みやこり、発熱、便秘や低体温などいろいろなところにでます。わたしたちは、表面的な症状だけを何とかしたいと思い、なぜそうなるのか考えようとはしません。そして安易に医者や薬などに頼ります。

頭痛になれば頭痛薬を飲みそれを抑えようとしますが、頭痛薬は痛みを感じないように神経を麻痺させるだけで根本的な頭痛の原因が治ったわけではありません。

便秘は、食べものや食べ方を変えることでよくなっていくのに、便秘薬は使い続けることでますます腸の働きを弱め悪循環になっていきます。

寝られないといって睡眠剤をもらうと、ほかの副作用が出ることもあります。知り合いの方で睡眠薬をもらって5カ月のみ続けたら精神的におかしくなった人がいます。

現代医療はその症状さえなくなればいいといった感じで、すぐに効果が出るものが多いです。緊急的なことについてはそれでいいのかもしれませんが、慢性的なことに対しては、対処療法だけではよくなりません。副作用も怖いです。一時的によくなっても元の生活・生き方が変わらなければまた繰り返されます。

何回も書きますが、食がすべての原因ではないと思いますが、何か症状が出たときに大病になる前に自分で食べ方を変えることで治して行けたらいいと思いませんか。たとえ完全に治らなくても大病ではなく小病で何とかなるならそれに越したことはないと思います。

そのために、自分の体質・体調にあった食べ合わせの物差しの視点を持つことが大事だと思うのです。即効性はないかもしれませんが、こつこつ続けることで良くなっていきます。

そのこと伝えるための知恵と方法を「未病のための陰陽講座」として伝えることにしました。

今まで何となく食べていたものがこの講座を通して、自分の体と向き合い、その変化を感じながら食べてほしいと思うのです。

毎日の食べるものがある程度良くなっていくと、体にとって良くないものを食べると体がちゃんと反応して自分でわかってきます。頭では食べたいと思っても体が教えてくれるのです。それでも食べたいと思って食べるとまた反応してくれる。そんなことを繰り返すうちに自分の食べものと体の反応のパターンがつかめてきます。そして、やっぱり食べない方がいいかなと頭の方があきらめるようになります。

そのことが自然と「自分の主治医は自分自身という自覚を持つこと」につながっていきます。

2 「未病のための陰陽講座」について

マクロビオティックの創始者
桜沢如一氏について

「未病のための陰陽講座」の陰陽についてのもととなるものは、マクロビオティックの創始者である桜沢如一氏が言い始めたことです。

ただ残念なことにわたしがそのことを知ったときには、すでに桜沢氏は亡くなられていました。マクロビオティックを勉強したいなあと思っていた時に、たまたま目に留まった本が『マワリテメクル小宇宙』でした。著者であるムスビの会の岡部賢二さんに連絡を取り、2カ月に一度九州から来てもらって勉強会を3年ほどしました。その後は、マクロビオティック和道の磯貝昌寛さんをお呼びしての勉強会は、今も続いています。磯貝さんはゆいの家から近いのでとてもありがたいです。

ここでちょっとマクロビオティックの創始者である桜沢如一氏のことを書きます。

桜沢氏は、1893（明治26）年生まれで、母親がキリスト教信者だったことから、当時はまだ珍しい洋食の食事が多く、甘いものも大好きでした。母親も兄弟も結核で亡くなり、自身も若いころから肺、腸結核など多くの病気で苦しんでいました。

貿易商として働く傍らたまたま石塚左玄の主宰する食養会に出会って健康を取り戻しました。その後食養の道に専念するようになり、フランスを皮切りに世界中に食養を伝えていきました。弟子もたくさん海外に送り込みました。1966（昭和41）年に亡くなりましたが、著書も多数残しています。

桜沢氏はある意味哲学者で、『無双原理・易』『宇宙の秩序』などの本の中で陰陽のことが詳しく書かれています。

マクロビオティックの意味は、ギリシャ語のマクロ（大きな）、ビオ（生命）、ビオティック（生き方）に由来されて、読み方はフランス語からきています。

特にこの言葉を有名にしたのは、アメリカに渡った弟子の一人の久司道夫氏で、ヨーロッパだけでなくアメリカでもマクロビオティックは知られており、よくマクロビと言われています。海外では桜沢氏は、ジョージ・オオサワと呼ばれています。

桜沢如一の著書『食養人生読本』
食養にこだわるな

桜沢如一の著書『食養人生読本』の中の「食養にこだわるな」という一節を紹介します。

食養は自由自在なものです。食養をいかに完全に実行したって、それを一歩も離れることができねば、それは猿真似です。何を与えられても、何を食べても絶対に健康で、些細な不安、恐怖の陰さえ持たないような境地に達しなくてはダメです。自分で自分の生命を操縦せよ。

われわれの薬局は、台所である。

人間にとって最も自然な食べ物を、われわれは最も正しい食物と言います。この最も正しい、最も自然な食物を教えるのがわが食養生であります。われわれの最も正しい最も自然な食べ物とは、われわれの数千年来摂ってきたものであります。

桜沢氏自身は先ほど書いたように若いころは病気持ちで、石塚左玄との出会いで食養に目覚めました。石塚左玄氏は陸軍薬剤監で、明治政府の西欧化の政策に対して洋風化した食生活をすれば、多くの者が病気になると警告した人です。桜沢氏の陰陽論は、この石塚左玄氏の「夫婦アルカリ論」が土台となっています。石塚左玄氏は患者の顔を診ただけで生まれ月や出身地、病気などを望診で当てたと言います。

望診については、江戸時代に水野南北という観相学の大家がいました。水野南北氏は、「食は命なり」という名言の残し、食事の量や食べ方を見てその人の性格や運までわかると言います。そのような先人の知恵の積み重ねの上に食養はあるのです。

自然界にあるバランス
陰陽あわせて宇宙全体

わたしは、先ほど紹介した岡部さんや磯貝さんから学んだことや食養に関する本をいろいろ読んで、「未病のための陰陽講座」という小冊子にまとめてみました。この小冊子を使って講義をするようになりました。

作った小冊子の内容は次のようなもので、まだまだ勉強不足とは思いつつ、でも多くの人に伝えていきたいと思います。

・講義1　体質・体調と陰陽
・講義2　食べ物と陰陽
・講義3　病気と陰陽
・講義4　自分に合った食べ方
・付録　砂糖の害、血液は腸で作られる（腸造血説）、原子転換

陰陽を簡単に言うと、すべてのものは陰陽があり、陰陽は相反するものでもなく、どちらがいいというものでもなく、陰陽がそれぞれ絶妙なバランスで宇宙はできており、常に変化しあい陰陽合わせて宇宙全体であるといった考え方です。

陰の特徴は、拡散・上昇・冷たいもの

陽の特徴は、収縮・下降・暖かいもの

それを食べ物でいうと動物性のものを陽、植物性のものを陰といい、その真ん中である中庸にくるものが穀類です。調味料でしたら塩が陽、砂糖・酢・油が陰です。陽は、体を温め、しめる役割をします。陰は、その逆で体を冷やし、ゆるめる働きをします。

食べるときも、その陰といわれるものと陽といわれるもののバランスが大事になります。そのバランスが崩れたときに体の不調が出てくるのです。

男性は陽で、女性は陰です。しかしその中心となる男性の精子は陰で、女性の卵子は陽なのです。ここでも陰陽のバランスがとれています。

そして、男性は本質が陰なので、陽性の動物性のものを一般的に好むのです。女性は本質が陽なので、陰性の砂糖など甘いものを一般的に好むのです。

体質、体調にも陰陽があり、その陰陽に合わせて食べ物を食べていくことが大事なのです。特に体調はその時々で変わっていきますから、最初は体に合っていても食べ続けることで合わなくなる場合があります。そして、自分の体質・体調に合わない偏った食べ方をすると病気になっていきます。

そんなことを話していきますと、講座に参加した方が「最初は陰陽ってなんだか難しそうに思っていたけど、陰陽って面白いですね」と言われるようになります。

未病のための陰陽講座
参加者からの感想

Aさん：ものすごく勉強になりました。自分は、一時体調が悪くなりましたが、それが起きた原因やどうしてよくなったのかこの講座で腹に落ちていく感じがしました。また、この講義を受けることで自分の体調が変化したときにどのように対処したらよいのかもわかりました。まさに自分の主治医は、自分自身。しかも簡単に対処できることがわかり、すべての人に必要な知識だと思いました。

Bさん：すべてのものには陰陽があって、話を聞くたびに体調や病気が当てはまったり納得することが多くありました。自分の味覚も今まで何となく口に入れていたものを意識することで体の体調などを知ることは、知識としてもとても大事だと思いました。今、体にでてくる症状などすべてに意味があるんだなあと驚きが大きかったです。楽しく学ばせていただきました。

Cさん：陰陽の知識を若いころから知っていたら、病気にならずに健康でいられたと思います。しかし、今回「未病のための陰陽講座」を受けることができたので、食べものに対する自分の体の変化に心を傾け、自分の体の様態を知り、食べるもの選択して健康を回復できるようにしていきたいと思います。講座を受けながら、人間も自然の一部（当たり前ですが）なのだと強く感じました。自然の一部なのだから自然に従って生活しなければならないのだと思います。自然の法則にしたがうと、すべて説明がつくことも驚きとともに納得しました。

体質体調にあった食べ合わせを腸内細菌は暮らしと切り離せない

今は検査技術が発達して、血液を調べただけで、ご飯などの糖質系を中心に食べたほうがいい人と肉などのタンパク系を食べた方がいい人がわかるようになってきたそうです。腸内細菌の消化分解能力が一人ひとりちがうからなのでしょう。

友人が、日本を離れてパリに住み始めた時、そんなに変なものを食べていないのに何か調子が悪くなったといっていました。おそらくそれまで食べていた日本での食事でできた腸内細菌が、パリで食べたものをうまく消化分解できなかったのでしょう。

わたしたちが何世代にもわたって食べてきた伝統的なもので、わたしたちの腸内細菌が作られてきているのです。

陰陽のことを学べば学ぶほど、昔からされてきた食べ合わせはすごいなあと思います。それは日本だけに限ったことではなく、その国その国の気候風土に合った伝統的な食べ方には先人の知恵が詰まっているのです。

日本人は魚を食べるときなど、ワサビや生姜、大根おろし、かんきつ類、酢など、陽性の魚に陰性のものをそえて、ちゃんと陰陽のバランスをとって食べていたのです。

今は、焼き鳥というと鶏肉しかさしてありません。でも本来はネギと一緒にさしてあるネギまなんです。陽性の鶏肉と陰性のネギを同時に食べるのです。昔秋にイノシシなどを撃って作られていたしし鍋は、肉だけでなく野菜と秋にとれるキノコをたっぷり入れて作られました。キノコ類は野菜より陰性が強くこれもちゃんとバランスがとれています。

このように食べ合わせの物差しを持っていると、変に偏ることなくそれに合わせて自由自在に食べ、自分の体質・体調に合った食べ方をし、自分で調節ができていくのではないかと思います。

また、梅肉エキスといって青うめをすりおろしてそのしぼり汁を煮詰めたもので、なめるとたいていすごく酸っぱく感じます。しかし動物性のものや砂糖で血液が酸性になってよごれているとおいしく感じます。きれいな血液はアルカリ性で、アルカリ性の強い梅肉エキスが酸性に汚れた血液と中和されておいしくなるのです。ときどき梅肉エキスをなめると自分の体調チェックもできます。

陰陽の考え方を提案した桜沢氏は「食物なきところには生命現象なし」「食は命なり、命は食なり、食正しければ人生もまた正しい」と食のことを言っています。食べ方は、生き方にもつながるのです。そして桜沢氏が真に願ったことは、単に病気治しではなく、陰陽の原理を教え広めることで世界が平和になっていくことなのです。

ちょうど桜沢氏が生きた時代は、戦争を繰り返す時代でした。動物性を好む人たちは陽性でどうしても競争をしたがる。だから相手国が「食養」を通してしあわせにならないといけないという考え方で海外にも伝えに行ったのです。太平洋戦争末期には、「戦争をやめるように」と言うためにソ連にわたって、そこで捕まっています。

よく、マクロビオティックというと玄米菜食一辺倒で、動物性のものはダメ、砂糖はダメといった偏った食事のイメージにとられがちですが、桜沢氏はそんなことを伝えたかったわけではないのです。

桜沢氏の願ったことは、食をただすことで本当に自分のしたいことをし、自由自在に生きられる人を増やすことで実現する真の世界平和なのです。

わたしは、そんな桜沢氏の想いを伝えながら、「未病のための陰陽講座」を通して、食からのしあわせの種まきをしています。

あとがき

読んでいただいて「料理って楽しいかも……」と思っていただけたでしょうか。わたしの料理は、本文にも書きましたが、その時あるもので作る適当料理です。冷蔵庫の中の残り物を使って作ることを得意としています。

辛めのカレーなんかはよく残りかけのジャムを隠し味に使います。リンゴジャムや梅ジャムなんか結構合います。「何か不思議な味だけどおいしい」といって食べてくれます。少し残ったお惣菜は、汁物の具にしたり雑炊の具にしたりします。ご飯と小麦粉に混ぜておやき風にするのもおいしいです。

味付けはまるで理科実験のように、いろいろちょっとずつ入れては味を確かめてちょうどいい味にしていきます。時には失敗することもありますが、やっていて面白いです。それが、体調の悪いときは味がなかなか決まらないのです。体はちゃんと知っているのですね。自分の体調が悪いことを。

たくさん野菜をもらったときは一回では食べきれないので、これはどんな料理にするとたくさんの量を無駄なくおいしく食べられるかなあって考えながら料理するのが楽しいです。

ある時、隣の畑のおじさんから、朝あいさつをしたら細くて筋っぽいセロリを困るほど大量にもらいました。ちょっとばかりピクルスにしても減らないあまりの量に、すぐ料理する気にはなれなくてしばらく水につけて置きました。そうしたら、だんだん葉が黄色くなってこれではかわいそうだと思い、どうしようかなあと考えてふと浮かんだのが、「そうだ、トマトソースのようにすればいい」でした。

細かく切ったセロリを土鍋に入れ、薄く切ったジャガイモとにんにく、そして塩とオリーブオイルをかけて蒸し煮。隠し味に味噌とゆずのしぼり汁を入れてミキサーにかけてソースにしました。まるで自分一人で作戦会議を練っているようです。

友達にそれでパスタを作ってだしたら「おいしいね」といってくれました。こんなにおいしくなるならまたもらってもいいかなと、欲の深いことも考えてしまいます。

このように多くて困ったなあと思っても、ソースや保存食にすればいいのです。だから家の冷蔵庫はそれらでいっぱいです。

いつもこうしなければというとらわれはわたしにはなく、何でも工夫次第でおいしく食べることができるのです。

また、どこかに出かけると、必ず食材の売っているところに行きます。それは国内でも海外でも同じで、どんなものがあるか新鮮な気分でのぞきます。そこに新しい出会いや発見があったときは、やったあとうれしくなります。ちょっと変わったものがあるとそこで食べたり、持ち帰れそうものは買ったり、使い方や食べ方がわからないときは聞いたりしています。それらを使って何を作ろうかと考えるのは、わくわくしてとても楽しいものです。

たまにみんなが見たこともないような食材を使ったり知らない料理方法をしたりすると、「これ何なの?」と場が盛り上がります。

あれこれと書きましたが、別に、わたしと全く同じように作ってほしいとは思っていません。わたしのやり方を見て、これならやれそうと思ってもらえばいいのです。

わたしの料理は本当に適当料理で、きちんとした分量も書いてないレシピですが、見ているだけで作れる簡単な料理ばかりです。旬の野菜ばっかりを使って、よい調味料と土鍋、南部鉄のフライパンを使えば誰でもおいしくなります。

料理を作るということは、自分や家族がしあわせになるためのものだと思っています。ゆいの家の料理教室に来たことで家に帰って台所に立つのが楽しくなったと思ってもらえるような、そんな料理の仕方を伝えていきたいです。

レトルトをレシピどおりにただ作っても楽しくないと、わたしは思います。料理レシピは単なるマニュアルでしかなく、わくわく感のない仕事をしているようなものです。電子レンジでただ温めるだけの食事は、確かにおなかは満足するかもしれませんが、食べてしあわせな気持ちになれるでしょうか。

おいしい味にしたいと思ったら、何度も味見をしながら自分の舌を使っておいしいと思う味を見つけていくしかありません。大事なのは何度も味見をすること。そして自分の想いを込めること。そうすればおのずと料理を作るのが楽しくなっていきます。食べた人も「おいしい」といってくれます。

ある人が言っていました。離婚を考えるようになったら急に料理を作る気持ちが起きなくなったと。食卓に並ぶのはレトルト食品の山になったそうです。イライラしていたり心配事があるとうまくできません。作る気も起こらなくなります。料理が楽しく作れるということは、気持ちが安定しているということです。自分自身が心身ともに健康な証拠です。

自分が作ったものを「おいしいね」といって食べることで、みんながしあわせになっていく。「食」ってすごい力を持っていると思いませんか。そんな「食」の持つ力をもっともっと大事にしてほしいです。生かしていってほしいです。「食」はすべてをつなげていきます。すべてをしあわせに変えていく力を「食」は持っています。

このようにみんなが食からしあわせになっていってほしいと思って、「食からの未病学」をわたしは主宰しています。

今回は個人の方向けに書きましたが、企業の方でも健康経営が言われるようになり、「食は個人の問題だから」ではもはやすまされない時代になりました。まずトップに立つ方たちが、食に関心を持つことです。食を意識するようになったスポーツ集団は、けがが少なくなり成績が良くなったと聞いています。

ですから企業の研修の中にも、「食からの未病学」を取り入れてほしいと思います。社員さんが生き生きと元気に働けることは、本人だけでなく家族そして周りの人、企業にとってもいいことだと思うのです。

桜沢如一氏が願っていたように、食をただすことでみんなが自由自在にしたいことをして、お互いにしあわせに生きられる、そんな世の中になっていくためのお手伝いをしていきたいのです。

食について深く学べば学ぶほど、先人の知恵のすごさを感じます。今でこそ最先端の機器でデータを分析できるようになりましたが、先人たちはそんなものもない時代から長年の経験値で、そこに暮らすうえで理にかなった食べ方をしてきました。昨今のわたしたちの小賢しい知恵など到底足元にも及びません。欲にまみれた食は、わたしたちをおかしくするばかりです。

そんな先人の知恵を、私が自宅を使って食で生計をたてていくことに決めた時、石橋一魁先生が、一枚の絵と共に次の言葉にしてくださいました。その言葉を、読んでいただいた皆様にも送りたいと思います。

家庭料理はなぜ飽きぬ
幾千年の知恵だから
ご先祖様の味がするから

石橋一魁

最後に、多くの、本当に多くの方の教えやご支援を受けて、このような本を書かせていただき大変ありがたく思います。おひとりおひとりのお名前はあげませんが、深く感謝いたします。ありがとうございました。

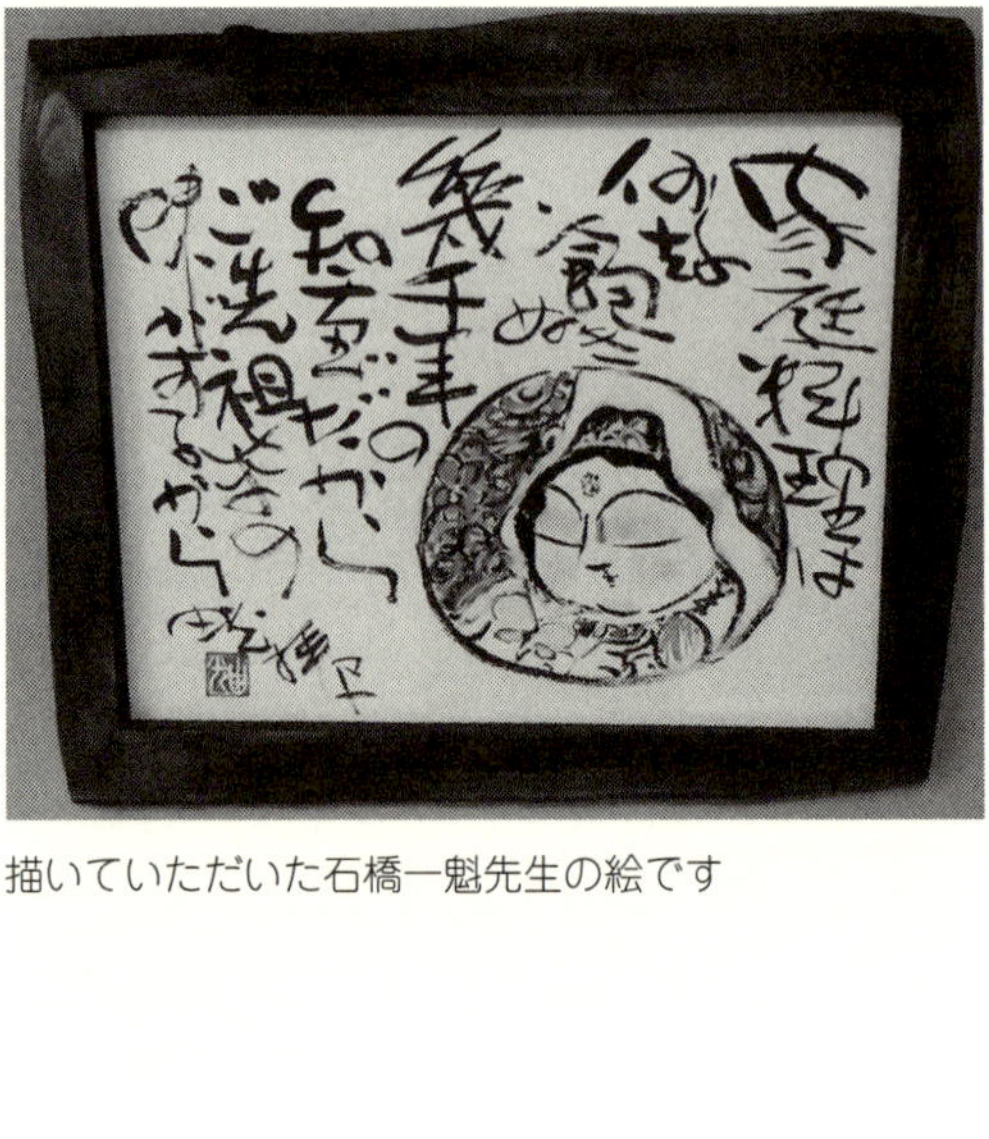

描いていただいた石橋一魁先生の絵です

わたしに関わる
すべての人が
食を通して
しあわせになりますように
まだ見ぬ人たちに
この想いが届きますように

高石知枝　拝

「刊行によせて」を書いていただいた朝倉千恵子さんと……

高石知枝（たかいし・ともえ）
1960年、愛知県一宮市生まれ。一宮高校、愛知教育大学卒。愛知県にて小学校教諭を5年間した後、結婚を機に群馬県へ。その後、12年間中学校教諭をし2001年退職。最後の学校で、不登校生のための適応教室や知的ハンデをもつ生徒の学級を担当。退職後、心の病や障害をもった人や不登校・ひきこもりなどで悩む若者とその親などの出会いの場として「ゆいの家」を始める。学びの場として教育、福祉、医療、環境問題、企業セミナー等様々な分野の講演会を400回以上主催。2011年、活動拠点を自宅に移し、それまでの多くの出会いと学びから「食」を中心とした活動を展開。現在「食からの未病学」を提唱し、旬の野菜を中心とした自然（じねん）料理教室や未病のための陰陽講座、子ども向け食のワークショップ、講演活動などを行う。「弁当の日」ぐんま応援団代表。
著書『何があってもだいじょうぶ』（自費出版）
ゆいの家　http://www.at-ml.jp/70023

食は、しあわせの種——少しだけ、ちゃんと料理しようと思いはじめたあなたへ

2017年12月20日　初版第1刷発行

著者 ——— 高石知枝
発行者 —— 平田　勝
発行 ——— 花伝社
発売 ——— 共栄書房
〒101-0065　東京都千代田区西神田2-5-11出版輸送ビル2F
電話　　03-3263-3813
FAX　　03-3239-8272
E-mail　kadensha@muf.biglobe.ne.jp
URL　　http://kadensha.net
振替 ———00140-6-59661
装幀 ——— 生沼伸子
印刷・製本— 中央精版印刷株式会社

ISBN978-4-7634-0839-6 C0077